子ども虐待は、なくせる

当事者の声で変えていこう

今一生 CON ISSHOW

日本評論社

はじめに

虐待防止策は、30年間も失敗続き

親が子どもを殺す「虐待死」の事件が、新聞やテレビで報じられることが増えました。

虐待を見たら役所に通告する義務が、国民にあります。しかし、自宅周辺で子ども虐待が疑われるシーンに気づいても、報道や本で虐待の深刻さを思い知ることがあっても、自分がどう動けばいいのかにとまどい、何もできない人は大勢いるはずです。

この本は、虐待をめぐる現実に胸を痛め、「虐待をなくすためにできることがあるなら自分も動きたい」という方へ、公式統計や取材に基づく虐待の現実と、これからの虐待防止策、新しい解決アクションを提供するものです。

私は１９９０年から臨床心理士や被虐待の経験者などを取材し、１９９７年に親に虐待された人から「親への手紙」を公募して１００人分を収録した『日本一醜い親への手紙』という本を編集。続編や文庫版、復刻版も作り、累計30万部のベストセラーに育てたので、他の方も虐待の関連本を出版しやすくなり、「毒親」という言葉も一般に定着しました。

ここまで売れれば、社会に虐待の深刻さに関心を持つ人が増え、虐待防止策も洗練されていくはず……。でも、それは甘い期待にすぎませんでした。

政府は、全国の児童相談所に寄せられる虐待相談の件数を、調査初年の1990年から今日に至るまで一度も減らせず、増やし続ける一方だったのです。30年という長い間、大人は何をしていたのでしょう。私は、子どもたちに対して申し訳ない気持ちでいっぱいになりました。

そこで、2017年に新たに「親への手紙」を公募し、『日本一醜い親への手紙 そんな親なら捨てちゃえば？』（dZERO）を出版。従来の虐待防止策の何が間違っていたかについて向き合うため、2018年から全国の虐待サバイバー（虐待されても必死に生き残ってきた人）や政治家と共に「子ども視点」から虐待防止策を議論し、作り出すイベントの開催を始めました。

本書は、その活動の成果の一つです。

『天気の子』が問いかけた子どもの不自由

本編に入る前に、子ども自身が「虐待からどう生き残れるか」を具体的に考えられるよう、宿題を出しておきます。

その宿題とは、令和元年（2019年）に公開され、大ヒットしたアニメ映画『天気の子』を見て、あるいは小説版を読んで、子どもならではの不自由さについて考えること［図表0-01］。

この物語は、16歳の少年・帆高が離島から東京へ家出してきたところから始まります。彼が最初に寝場所にするのは、新宿のインターネットカフェ。その受付で帆高は、どしゃぶりで濡れた姿を店員に2度も見せました。

なぜでしょう？（ヒント：東京都青少年の健全な育成に関する条例）

そして、帆高と、彼と出会った少女・陽菜、その弟・凪の3人でホテルに泊まりたくても、どのホテルでも次々に断られ、結局、お金さえ払えば事情は聞かないラブホテルに泊まるしかありませんでした。

なぜでしょう？（ヒント：親権）

また、家出人の帆高は、アルバイト募集先に問い合わせても、すべて断られました。

なぜでしょう？（ヒント：労働基準法）

さらに、マクドナルドで働いていた陽菜は突然、クビ（解雇）になりました。

なぜでしょう？（ヒント：労働基準法）

陽菜と凪が2人だけで暮らしているアパートに、児童相談所の職員と思われる大人が訪問した後、2人は部屋から急いで逃げ出しました。

図表0-01

なぜでしょう？（ヒント：児童福祉法）

帆高が出会った中年のフリーライター・須賀は、帆高が家出少年と知りつつ、自分の事務所に寝泊まりさせていましたが、その後、「家に帰れ」と言い出します。

なぜでしょう？（ヒント：刑法）

『天気の子』がリアルなのは、都市や雨などの風景描写だけではありません。

天気という自然現象を命がけで祈れば変えることができる力を持ち、東京湾沿いの関東一円を水没させるほどの大雨を降らせ、世界の姿を一変させても、有権者でないので社会のルールだけは変えられない。そのくやしいほどの無力ぶりの描写こそが、極めてリアルなのです。

狂っているのは天気や世界だけでなく、大人が作り出した法律も同様。子どもを保護するはずの法律が子どもを支配し、「法外」（違法）へと追いつめていることを、『天気の子』は現実の法律に基づいて描いているのです。

狂っている社会を変えられるのは、この社会の仕組み（法律や常識など）が狂っていることに気づいた人だけ。祈ることしかできなかった無力な子どもも、いつかは大人になります。狂っている法律に盲目的に従い、ガマンだけで乗りきるなんて、人生や命がもったいない。法律を守るより、はるかに大事なことがあるのでは？

『天気の子』は、そう問いかけ、法の奴隷になりがちな「良い子」の若者を挑発しています。

親権者がいないために、まともな職場に雇われることが法的に許されない陽菜は、悪い大人に手を引かれ、風俗の仕事をする直前まで行きました。このように、未成年者に性的サービスの仕事を提供し、儲けたがる大人もいれば、その誘いに世間知らずゆえに乗ってしまう未成年者も実在し、ときどき事件として報道されます。

しかし、働けないままでは生きられない子どももいます。

日本で暮らすには、食費・家賃・光熱費、ケータイ料金、衣類代、トイレットペーパーなどのお金がかかり、1人あたり毎月15~20万円が必要になります。

そこで陽菜は、雨続きの東京の特定の狭い場所だけを一時的に晴れに変えられるという自分の特殊能力を活かし、雨で困っている人からお金を受け取り、指定された場所を晴れにする仕事を作り出し、生活費を稼ぎ始めました。

会社に雇われるのではなく、困っている人の役に立つ商品やサービスを自分で作り出し、お金を稼ぐことを「起業」といいます。年齢や親の反対・不在などの事情で雇われることが許されない子どもにとって、起業は生き残るために必要な選択肢の一つです。

以上をふまえ、私たち大人が何を子どもに教えず、私たち自身が何を学ばないまま子ども虐待防止策に失敗し続けてきたのかを考えながら、赤ペンを片手に読み進めてみてください。

目次

第1章

子ども虐待に関する不都合な真実

失敗を認め、虐待防止策を作り直そう

まず、全国の児童相談所に寄せられた子ども虐待の相談件数を見てください［図表1-01］。

平成2年（1990年）度は、年間で1100件程度。ところが、平成30年（2018年）度は約16万件。29年間で約160倍に増えたのです。日本では、調査前の1980年代以前も含めて、30年以上も虐待を減らすのに有効な防止策を作れなかったのです。

厚生労働省の官僚や、官僚によって有識者会議に招かれて虐待防止策を作るのに参加してきた学者や専門家、市民活動家は、制度設計に失敗し続けてきました。

図表1-01｜児童虐待相談対応件数の推移（速報値）

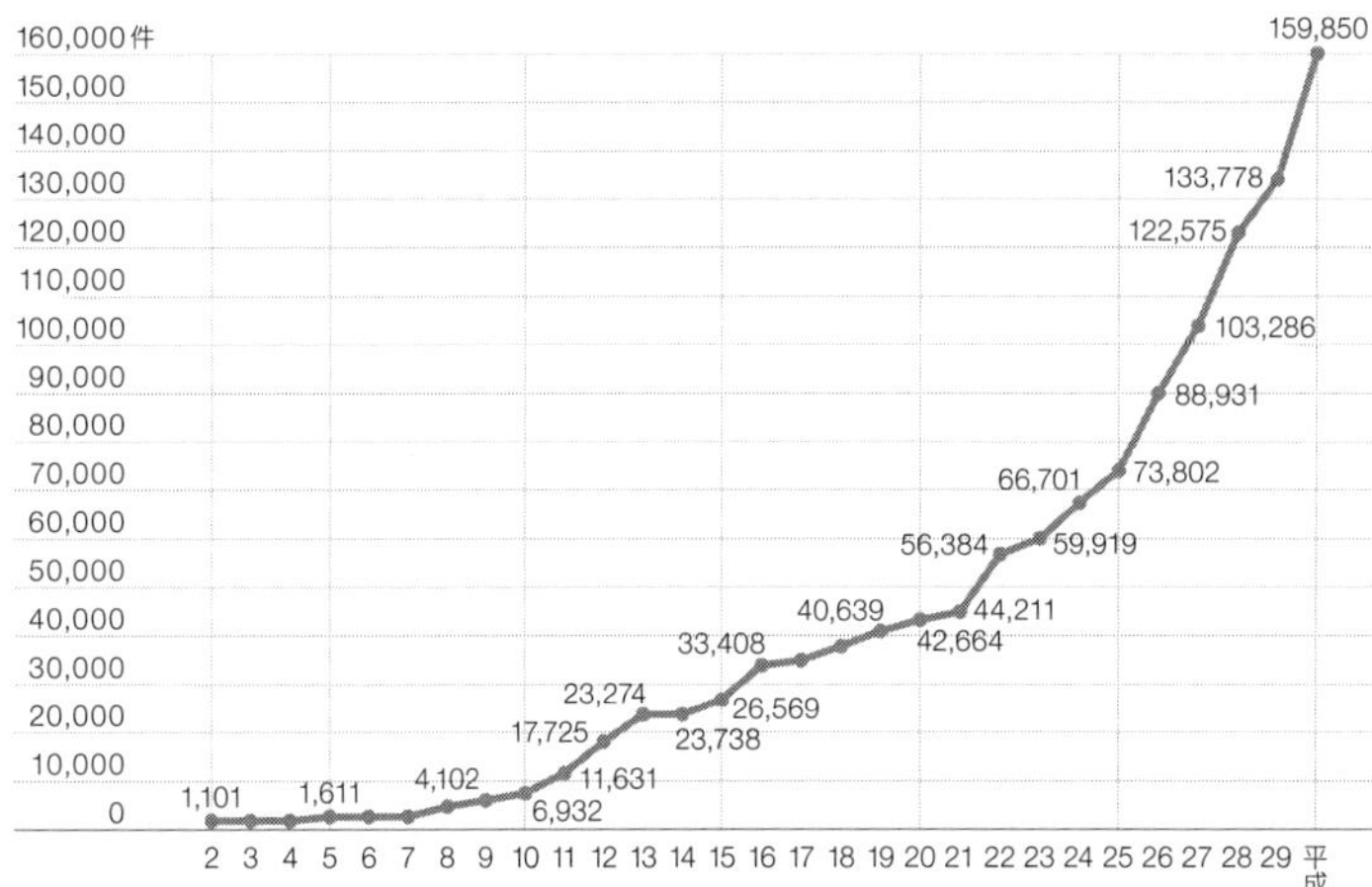

注）平成22年度は、福島県を除いた件数。厚生労働省ホームページより

30年もの長きにわたって結果を出せない人たちに制度設計を任せ続ければ、子どもは今後も虐待され続けます。

彼らは彼ら自身の失敗を認め、長い失敗期間に親から傷つけられ、殺されてきた子どもたちに心から謝り、潔く引退する頃合いでしょう。

なのに、官僚も学者や専門家も、自らの仕事の失敗を認めようとしません。それどころか、娘を性的に虐待した父親が地裁で無罪になる判決が相次いでいます。そんな社会は、子どもにとっておそろしい場所です。

私は、虐待防止策の方針転換の必要性を痛切に感じています。これまでのように「子どもがさんざん虐待された後でほんの一部だけを保護する」のではなく、「そもそも親に子どもを虐待させない仕組みを作り出す」方針への転換を強く提言します。

本書では、従来の発想の失敗点をふまえ、省庁が公表している統計と、被害者の子どもと虐待サバイバーのニーズに基づいて、有効な防止策を打ち出します。

親に虐待されている子どもの多くは、今も誰にも頼れず、1人で唇をかみしめながら苦痛に耐え続けています。この深刻な現実を、一緒に変えましょう。私たち有権者の大人が後回しにしてきた宿題に、そろそろ本気で取りかかろうではありませんか。

児童相談所は、虐待防止にとって機能不全

これまでの児童虐待防止策は、なぜ30年以上も失敗続きだったのでしょうか。

虐待相談の件数を一度も減らせず、増やし続けた主な理由は、三つあります。

①児童相談所や一時保護所などのハコモノや職員を増やしてきた
②虐待対応ダイヤルの普及に多額の資金を投入してきた
③そもそも親に子どもを虐待させない仕組みを作ってこなかった

児相の施設やそこで働く職員を増やせば、増やした分だけ新たに相談窓口が増えます。相談窓口が増えれば、相談件数も増えます。そのため、職員はさらに忙しく対応に追われ、新たに施設や職

員の増加に予算を割くことになります。そこでもっと施設や職員を増やせば、もっと相談件数が増え、追加予算が必要に……。

これでは、相談増加と予算追加のいたちごっこが続くだけ。虐待そのものは永遠になくなりません。消防士を増やせば、火事が減りますか？　減るわけない。それと同じです。しかし、こんな単純な理屈でも、この国の最高責任者は理解できないようです。

２０１９年２月19日の政府与党連絡会議で、安倍晋三・総理（当時）はこう語りました。

「現在３０００名の児童福祉司を来年度、一気に１０００名増員し、２０２２年度には５０００名体制とするなど、児相体制の抜本的強化に直ちに取り組むよう指示した」

これは、「長雨が続くから傘を増やしなさい」という発想。どれだけ傘を増やしても、雨はやんでくれません。しかも、虐待は自然現象ではなく、人間のやること。虐待する人から虐待する動機を奪う法律を議会で作らない限り、いつまでも虐待相談は減りません。つまり、安倍総理は「無策を続けていく」と宣言したのです。

相談件数が増え続け、いつまでも頭打ちしない点に着目すると、実態としての虐待は相談件数よりはるかに多いことが推測されます。実態は相談件数の数十倍なのか、１００倍以上なのか、官僚も児童福祉の専門家も誰も正確に把握できていません。

全国の児相に寄せられた虐待相談は、平成30年（２０１８年）度では速報値で15万９８５０（約16万）件。しかし、子ども本人からの相談は、１４１４件（※厚労省発表）。これは、相談全件のうちの１

図表1-02｜児童相談所に寄せられた虐待相談の相談経路

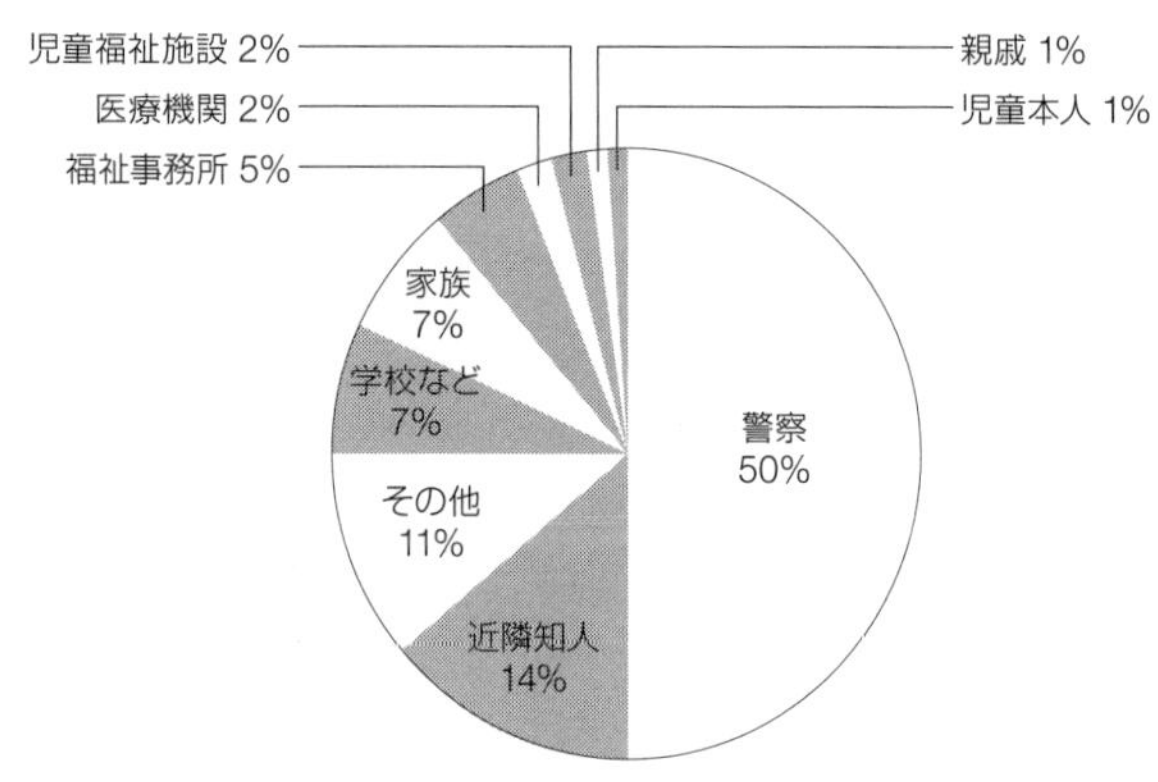

平成30年度速報値より筆者作成

%未満にすぎません[*1]［図表1-02］。

子どもは、「虐待とは何か」を学校でも家庭でも教わる機会がないからです。

では、児相への虐待相談や警察への通報を増やせば、虐待は減るでしょうか？

施設や職員を増やし、その分だけ虐待の相談や通報の数が増えれば、対応する職員の忙しさは加速し、1件あたりの解決の精度はどんどん甘くなります。相談件数の増加率に比べて、職員の人数の増加率が低いからです[*2･3]［図表1-03･04･05］。

相談件数の増加率と、児童福祉司の数の増加率は釣り合っていません。

相談件数が増え続けている割合と釣り合う形で職員が増えなければ、職員1人あたりの仕事量が増えるばかり。職員の数は、虐待相談の増加率に見合うだけの人員増加率で増やすことが必要なのです。

図表1-03｜児童虐待相談対応件数の推移

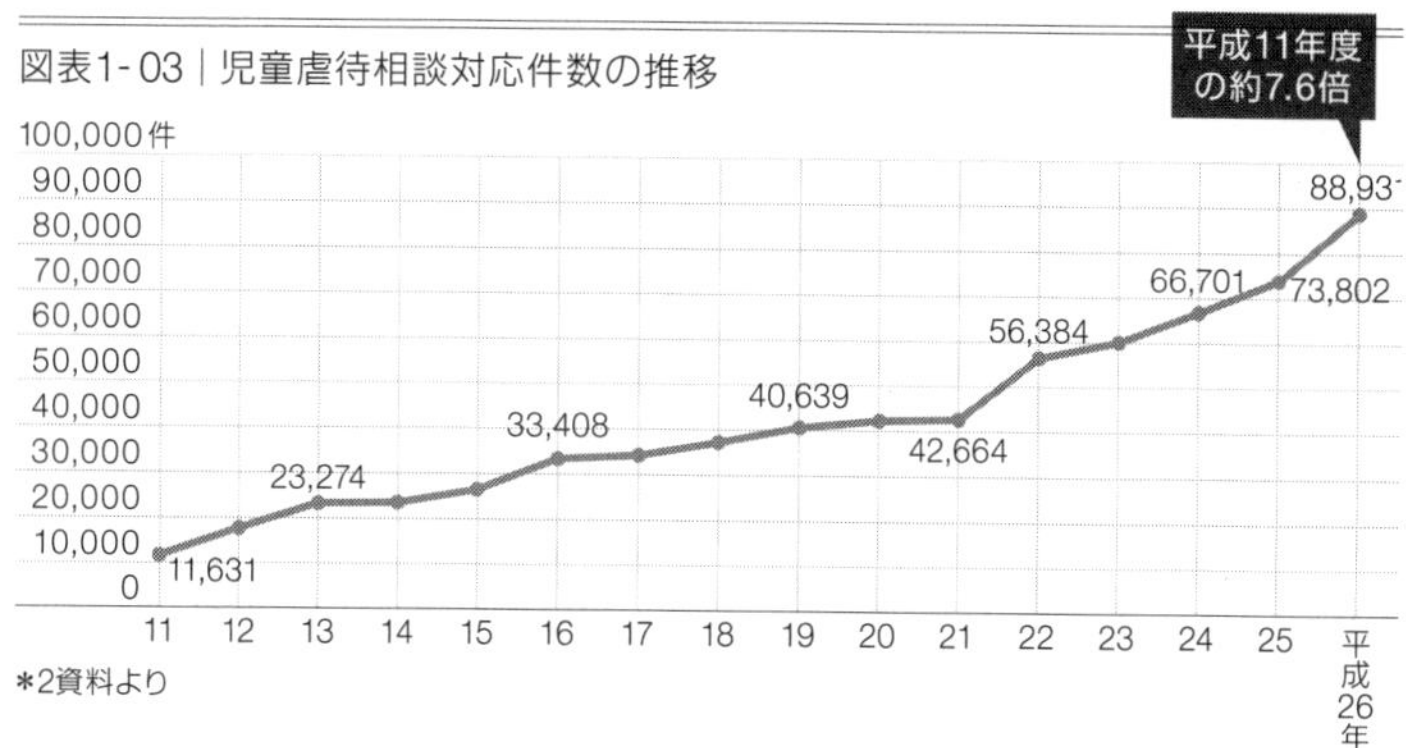

＊2資料より

図表1-04｜児童相談所と児童福祉司数の推移

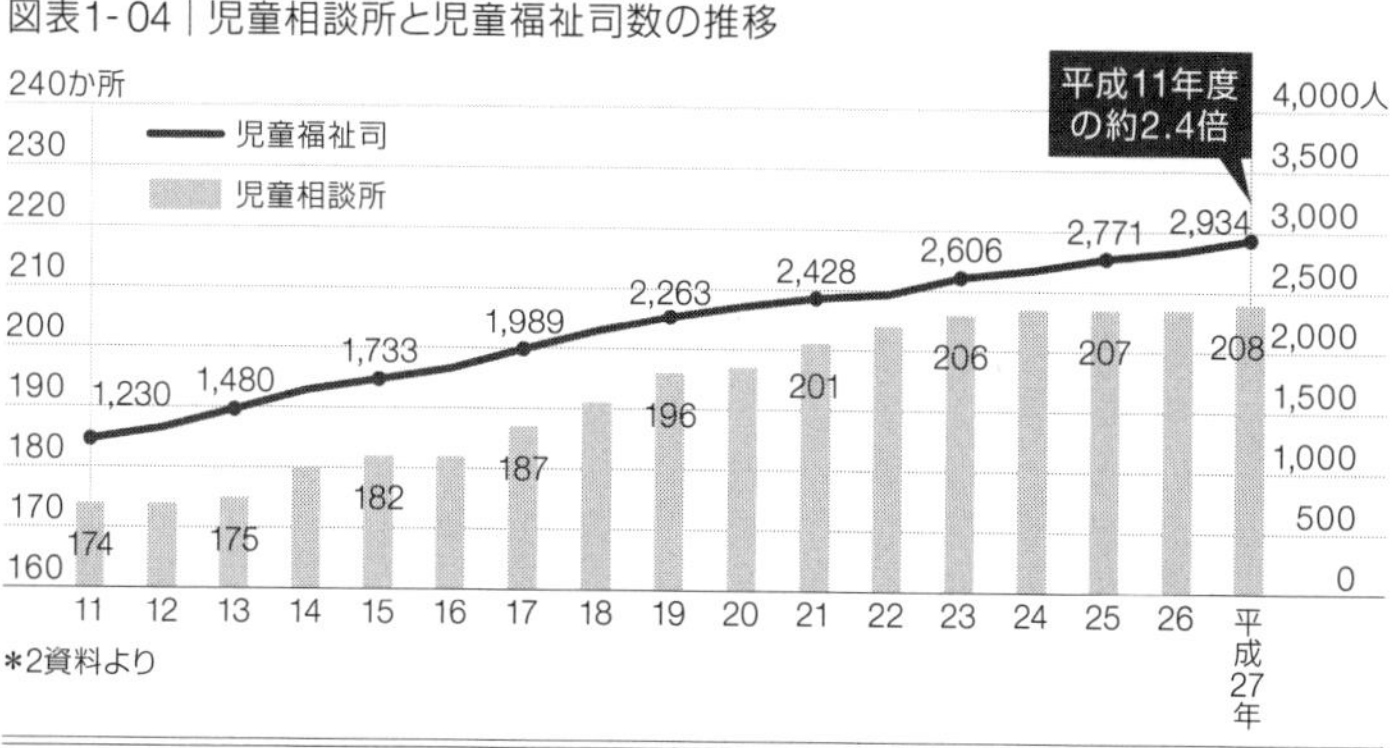

＊2資料より

図表1-05｜虐待対応件数と児童福祉司数の推移

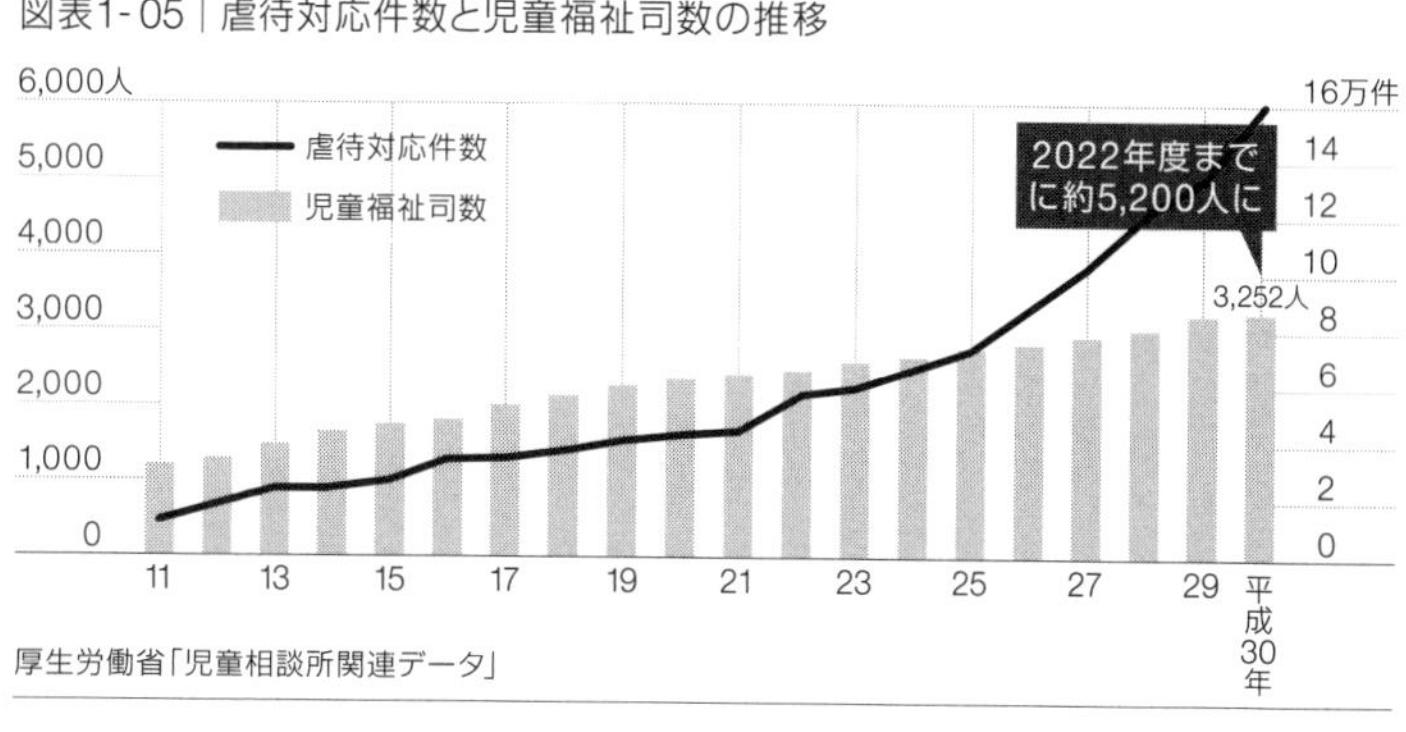

厚生労働省「児童相談所関連データ」

たとえば、児童虐待の疑いがあるとして警察が児相に通告した18歳未満の子どもが平成30年（2018年）に1万1119人に上り、5年連続で全国最多だった大阪府は、同年4月1日時点で児童福祉司を177人配置していました。

同年度に大阪の児相に寄せられた虐待相談は、1万2208件（速報値）。児童福祉司1人あたりが年間で対応した相談件数は、1万2208件÷177人＝68・9…（約69件）。年間248日の労働日数の中で69件の相談に対応すると、相談1件の対応に使える時間は平均4日間程度。

しかし、児童福祉司の通常業務は、虐待相談の対応だけではありません。家庭内暴力・非行・不登校などの相談対応、学校・病院・福祉施設などの関係機関との連絡、親との面接、面接記録や通知書の発行などの事務処理もしなければなりません。

こんな多岐にわたる仕事量では、いくら深刻な虐待相談が舞い込んでも、事実や子どもの気持ちを丁寧に確認したくても、相談1件あたり、実質1日か2日程度しか時間を割けません。そこで相談対応がどんどん増えれば、さらに忙しさが増すだけ。仕事量が増えれば、1日の労働時間も長くなり、疲れ果ててしまいます。

こうなると、職員が倒れてしまうか、一つ一つの相談案件の解決のあり方が甘くなるかのどちらか（あるいは両方）になります。

2019年9月17日発売の『週刊東洋経済』は、児相を設置する全国69の自治体に対して情報公開請求やアンケートなどの独自調査を実施し、こう報じました。

図表1-06｜児童福祉司の勤務年数について（平成23〜30年）

	H23.4.1	H24.4.1	H25.4.1	H26.4.1	H27.4.1	H28.4.1	H29.4.1	H30.4.1
1年未満	約16%	約15%	約17%	約13%	約15%	約17%	約14%	約15%
1〜3年	約29%	約29%	約28%	約28%	約26%	約26%	約26%	約29%
3〜5年	約19%	約19%	約17%	約18%	約18%	約18%	約17%	約17%
5〜10年	約23%	約24%	約24%	約24%	約25%	約23%	約25%	約24%
10年以上	約13%	約14%	約14%	約16%	約17%	約17%	約17%	約16%

＊3資料より

「児童福祉司の過重労働の参考値となるのが、月の時間外労働時間である。平均時間外労働時間が多かったのは、さいたま市（52・4時間）、名古屋市（51・4時間）、三重県（47・3時間）、徳島県（46・8時間）など。

全自治体を見渡しても、総務庁調査（2017年）における地方公務員の月の平均時間外労働時間（13・2時間）を上回る自治体が多かった。月の時間外労働がとくに多かった職員は、千葉市（121時間）、三重県（97時間）、名古屋市（94・3時間）などにいた。これらは過労死ラインとされる月80時間を超えており、長時間労働が深刻」

こんな過労ぶりを一因として、児相で働く児童福祉司の8割以上が10年も続かずに辞めています。厚労省が公表している児童福祉司の勤務年数を見ると、10年以上も続けて現場に残る人はたった10％台［図表1-06］。

これではプロや専門家が満足に配置されている職場とはいえず、やる気のある若い人材が集まる職場にもなりにくいです。このまま親に虐待を止めさせる政策を作らないなら、相談は増え続けるばかり。いくら職員を増やしても、忙しさは変わりません。

10人の社員のうち８人が10年も経たずに辞めてしまう職場があったら、あなたはそこで働きたいですか？

毎日1人の子どもが虐待で殺されている

児相には、虐待通告を受けてから原則48時間以内に安全確認を行うというルールがあります。しかし、平成30年（２０１８年）７月20日から令和元年（２０１９年）６月７日に確認対象となった子ども延べ15万３５７１人のうち、約８％に相当する１万１９８４人にはルールが守られていませんでした。職員が過労死レベルに多忙では、「48時間ルールを必ず守れ」と命じられても、現場は困惑するばかり。

保護した子どもの家庭状況をくわしく確認することも難しい労働環境では、再び虐待するかもしれない親の元に子どもを帰してしまうこともあります。児相が一時保護を解除したために親にさらに虐待され、子どもが亡くなった痛ましい事件は、職員の労働環境が改善されない限り、今後も続くでしょう。

２０１７年4月1日から２０１８年3月31日までの間に、子ども虐待による死亡事例として厚労省が各都道府県を通じて把握したのは58例（65人）と発表されています。

しかし、２０１６年4月に日本小児科学会は、虐待で死亡した可能性がある15歳未満の子どもは年間で約３５０人程度いるとの推計値を発表しました。

「東京都や群馬県など4自治体分のデータ分析に基づく試算。厚労省の２０１１〜２０１３年度の集計では、虐待で死亡した可能性のある子どもは年69〜99人（無理心中も含む）で推移しており、厚労省の集計の3〜5倍になっている。厚労省の集計は各都道府県などからの報告をまとめたもの。日本小児科学会は『医療機関や行政、警察の間での情報共有や検証が不十分で、多くの虐待死が見逃されている恐れがある』として国に対応強化を求めている[*4]」

全国からデータを集約する厚労省の官僚より、医療現場で子どもの体を目の前で診る医師の方が、信ぴょう性の高い数字を出せるでしょう。日本では毎日1人の子どもが親に殺されているのです。でも、報道される事件は、全件の30分の1程度。

虐待防止策が作られないまま、このペースで虐待死が減らないなら、10年間で約３５００人、30年間では1万人以上もの子どもが虐待で殺される計算です。戦争もしていないのに、1万人以上もの子どもが殺されてしまう国。それが日本です。

「自殺対策白書」（２０１9年版）には、こう書かれています［図表1-07］。

「年代別の死因順位をみると、10〜39歳の各年代の死因の第1位は自殺。こうした状況は国際的にみても深刻であり、15～34歳の若い世代で死因の第1位が自殺となっているのは先進国（G7）では日本のみ。その死亡率も他の国に比べて高い」[*5]

この自殺対策白書をさかのぼると、平成20年（2008年）から平成29年（2017年）までの10年間、15歳から39歳までの死因1位はずっと自殺。平成23年（2011年）だけは、15歳から19歳までの年齢階級で「不慮の事故」が1位で、自殺は2位。その年は東日本大震災が起こったからです。

15歳になるまで虐待死で亡くならなくても、長きにわたって自己評価を下げられてしまう心理的虐待を受け続ければ、苦しみに対する耐性が身につきにくく、15歳からの人生で生きていける自信を失いやすくなり、若いうちに自殺に導かれるおそれが高まります。

しかも、平成29年（2017年）は、戦後初めて日本人の10～14歳の死因まで自殺が1位になっていました。日本人全体の自殺者数は年間3万人台から2万人台に減少してきたものの、10～30代の若い世代の自殺率は依然として高いままなのです。

その一因に虐待防止策の失敗があることを、見逃すわけにはいきません。

第3位

死因	死亡数	死亡率	割合（%）
不慮の事故	51	0.9	11.7
悪性新生物	125	2.1	10.8
悪性新生物	174	2.9	8.6
悪性新生物	269	4.5	11.8
不慮の事故	262	3.8	8.1
心疾患	429	5.6	9.0
心疾患	991	10.7	11.2
心疾患	1,769	19.0	12.6
自殺	1,830	22.8	9.6
脳血管疾患	2,022	26.9	7.3
脳血管疾患	3,147	40.7	7.0

図表1-07｜平成29年における死因順位別にみた年齢階級・死亡数・死亡率・構成割合

年齢階級	第1位				第2位			
	死因	死亡数	死亡率	割合(%)	死因	死亡数	死亡率	割合(%)
10〜14歳	自殺	100	1.9	22.9	悪性新生物	99	1.8	22.7
15〜19歳	自殺	460	7.8	39.6	不慮の事故	232	3.9	20.0
20〜24歳	自殺	1,054	17.8	52.1	不慮の事故	335	5.7	16.6
25〜29歳	自殺	1,049	17.5	46.1	不慮の事故	288	4.8	12.7
30〜34歳	自殺	1,280	18.6	39.3	悪性新生物	616	9.0	18.9
35〜39歳	自殺	1,366	17.8	28.8	悪性新生物	1,145	14.9	24.1
40〜44歳	悪性新生物	2,649	28.5	30.0	自殺	1,628	17.5	18.5
45〜49歳	悪性新生物	4,764	51.2	34.0	自殺	1,872	20.1	13.4
50〜54歳	悪性新生物	7,267	90.5	38.1	心疾患	2,393	29.8	12.6
55〜59歳	悪性新生物	12,211	162.7	44.4	心疾患	3,377	45.0	12.3
60〜64歳	悪性新生物	21,238	274.5	47.3	心疾患	5,424	70.1	12.1

＊5資料より

虐待相談の8割は保護されず、施設不足で定員超過

そもそも、「虐待対応ダイヤル189に電話すれば、子どもは必ず児相で保護される」という勘違いをしている人も多いのではないでしょうか？

平成30年（2018年）度に全国の児相へ寄せられた虐待相談に対応した件数は、15万9838件でした。そのうち一時保護された件数（児童虐待を要因として一時保護したが、同年度中に一時保護を解除した延べ件数）は、2万4864件。

保護されたのは、相談対応件数全体の約16％。児相に虐待相談をしても、8割以上は保護されていません[＊6]［図表1-08］。

東大の受験倍率（受験者数÷合格者数）は3〜4

倍ですが、児相による保護率（相談件数÷保護件数）は6・4倍。虐待相談をしても、保護してもらうのは、東大入試に合格するより狭き門なのです。

もちろん、虐待の程度によっては保護の必要がない場合もあります。相談の中には一部、虐待ではない言動を勘違いした案件が持ち込まれることもあります。しかし、相談件数の16％程度しか保護しない現実は、全国の自治体で野良の犬猫の「殺処分ゼロ」（100％の譲渡・返還）の条例が広がる今日では、あまりにひどすぎます。

保護される率が低いのは、相談件数に見合うだけの施設や里親などの数が足りていないからです。たとえば、一時保護所を見てみましょう。

一時保護所とは、児童福祉法第12条の4に基づいて児相に付設もしくは児相と密接な連携が保てる範囲内に設置され、虐待・置去り・非行・障害などの理由で子どもを一時的に保護するための施設です。

厚労省は、一時保護の具体例を次のように説明しています。

一時保護の具体例

1　緊急保護

ア　棄児、迷子、家出した子ども等現に適当な保護者又は宿所がないために緊急にその子どもを保護する必要がある場合

図表1-08｜平成30年度 児童虐待相談対応の内訳

相談対応件数 159,838件
一時保護 24,864件
施設入所等 4,641件

施設入所等の内訳			
児童養護施設 2,441件	乳児院 736件	里親委託等 651件	その他施設 813件

相談対応件数は、速報値の公表後に修正されたもの（厚労省）

イ 虐待、放任等の理由によりその子どもを家庭から一時引き離す必要がある場合

ウ 子どもの行動が自己又は他人の生命、身体、財産に危害を及ぼし、若しくはそのおそれがある場合

2―行動観察

適切かつ具体的な援助指針を定めるために、一時保護による十分な行動観察、生活指導等を行う必要がある場合

3―短期入所指導

短期間の心理療法、カウンセリング、生活指導等が有効であると判断される場合であって、地理的に遠隔又は子どもの性格、環境等の条件により、他の方法による援助が困難又は不適当であると判断される場合

図表1-09｜一時保護所への一時保護

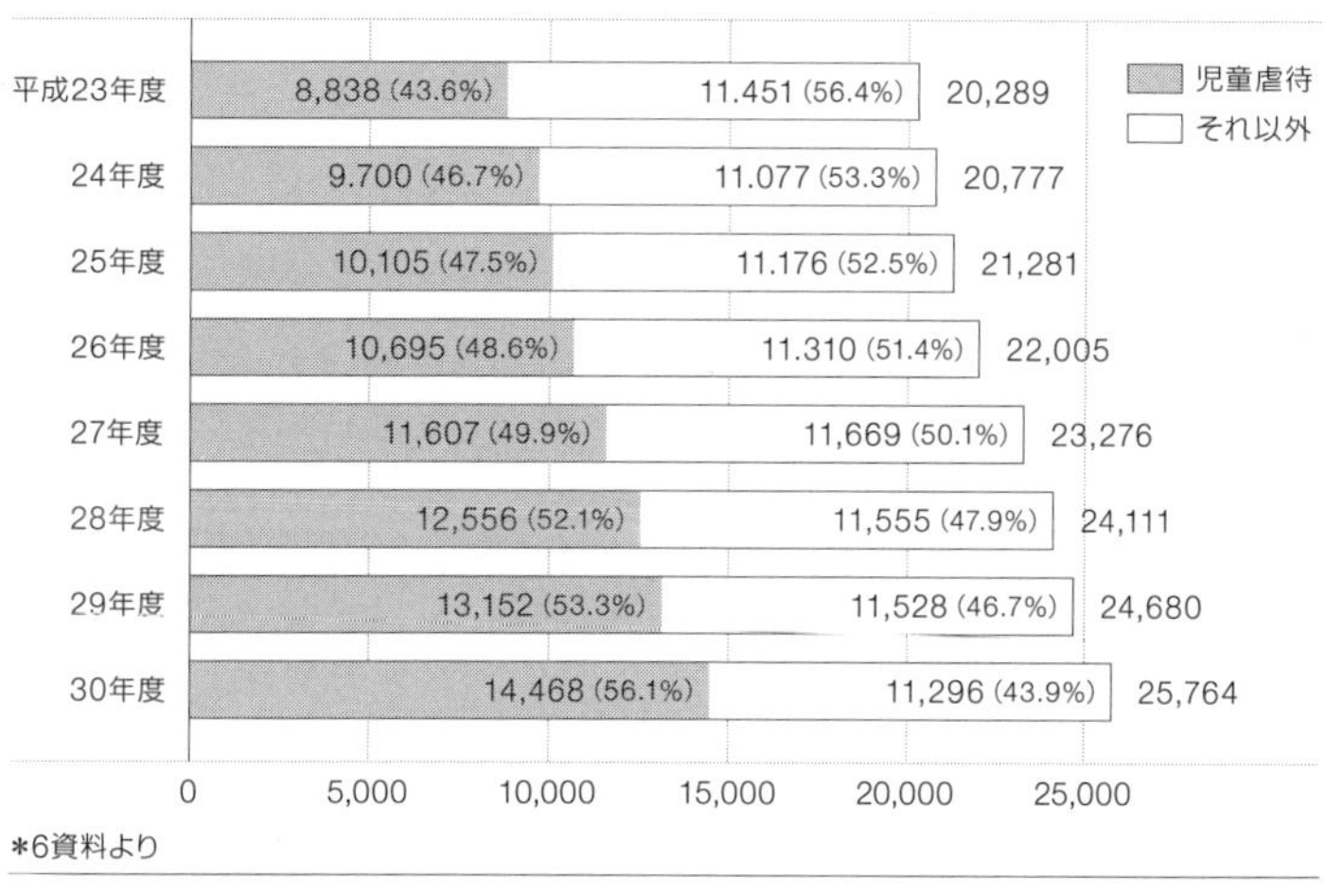

*6資料より

平成30年（2018年）度に全国の一時保護所に保護された理由（=親元で育てられない問題）別に見ると、養護2万0324件（そのうち虐待は1万4468件）、非行3283件、育成1917件、障害86件、その他154件。一時保護所に保護された子どもの約56%が被虐待児でした［図表1-09］。

被虐待児は一時保護所で、非行少年や障がい児などとの共同生活を強いられるのです。なので、保護された経験者から「非行少年に万引きを強要されてイヤだった」という不満の声を聞くことが珍しくありません。

首都大学東京（現・東京都立大学）教授（憲法学）の木村草太さんは、「施設の環境の悪さも児相が保護を躊躇する原因」と指摘。児童虐待や少年事件を数多く担当してきた山下敏雅・弁護士も、「自分の持ち物を使うのにも許可が必要だったり厳しく管理されているところも多く、2度と行きたくないという子もいます」と証言しています。[*7]

「機会の平等を通じた貧困削減」を目指すNPO法人Living in Peaceを創設した起業家の慎泰俊（しんてじゅん）さんは、施設に住み込んでルポを書き、一時保護所について「傷ついた心をケアするような場所でない」と朝日新聞にこうコメントしました。

「驚いたのは、一部の一時保護所における刑務所のような雰囲気です。外壁は高く、窓は閉じたままで外へ出ようとすればセンサーが鳴る。食堂には1列に並んで入り、食事中は私語禁止。学校にも通えず友達へ連絡を取ることもできません」[*8]

児童相談所は全国に212か所（平成30年10月1日時点）ありますが、一時保護所は全国に137か所（平成30年6月1日時点）しか設置されていません。

しかも、一時保護所では、居室定員が1室4人以下（乳幼児のみ6人以下）と決められています。そのため、原則的には定員を超えないよう配慮されてはいるものの、増加傾向にある被虐待児に対して保護する施設の数はまったく足りていません。

そこで、児童福祉施設等への一時保護委託がなされています。平成30年（2018年）度に、虐待が理由で一時保護所に保護された件数は1万4468件。児童福祉施設等へ一時保護委託された件数は1万0396件。

「児童福祉施設等」には、不良行為をした子どもやそのおそれのある子どもなどを入所させ、必要な指導を行い、自立を支援する「児童自立施設」も含まれます。この施設は、かつては感化院や教護院と呼ばれていた更生施設です。

実際に児相に保護された経験者には、こう証言した方もいました。

「一時保護所は満員で、夜遅くに車で連れて行かれたのは、更生施設でした。先生から、『あなたみたいな子が来る場所じゃないけど仕方なかった』と聞きました。そこでの更正プログラム中に、私は虐待によるフラッシュバックを起こしました」

厚労省は「児童相談所の運営指針」として、一時保護は子どもの行動を制限するので、その期間は一時保護の目的を達成するために要する必要最小限の期間とし、「一時保護の期間は2ヶ月を超えてはならない」としています。

ただし、児童相談所所長または都道府県知事などは、必要があると認める時は、引き続き一時保護を行うことができます（※2か月を超える一時保護が親権者の意に反する場合は、家庭裁判所の承認が必要）。

そのため、早期に親元へ帰せば再び虐待されるおそれがあると判断された場合は、一時保護所で暮らさせる期間を長引かせてしまいがち。1日あたりの保護人員と平均在所日数がともに増加傾向にあることは、統計でも明らかです[*9]［図表1-10］。

児相の職員は超多忙で、保護した子どもの家庭環境をくわしく調べる余裕がありません。なので、子どもを帰宅させる判断には不安やとまどいが出てきます。そのため、保護施設は次第に満杯になり、定員を超過しても子どもを詰め込むことになるのです。

図表1-10｜1日あたりの保護人員と平均在所日数

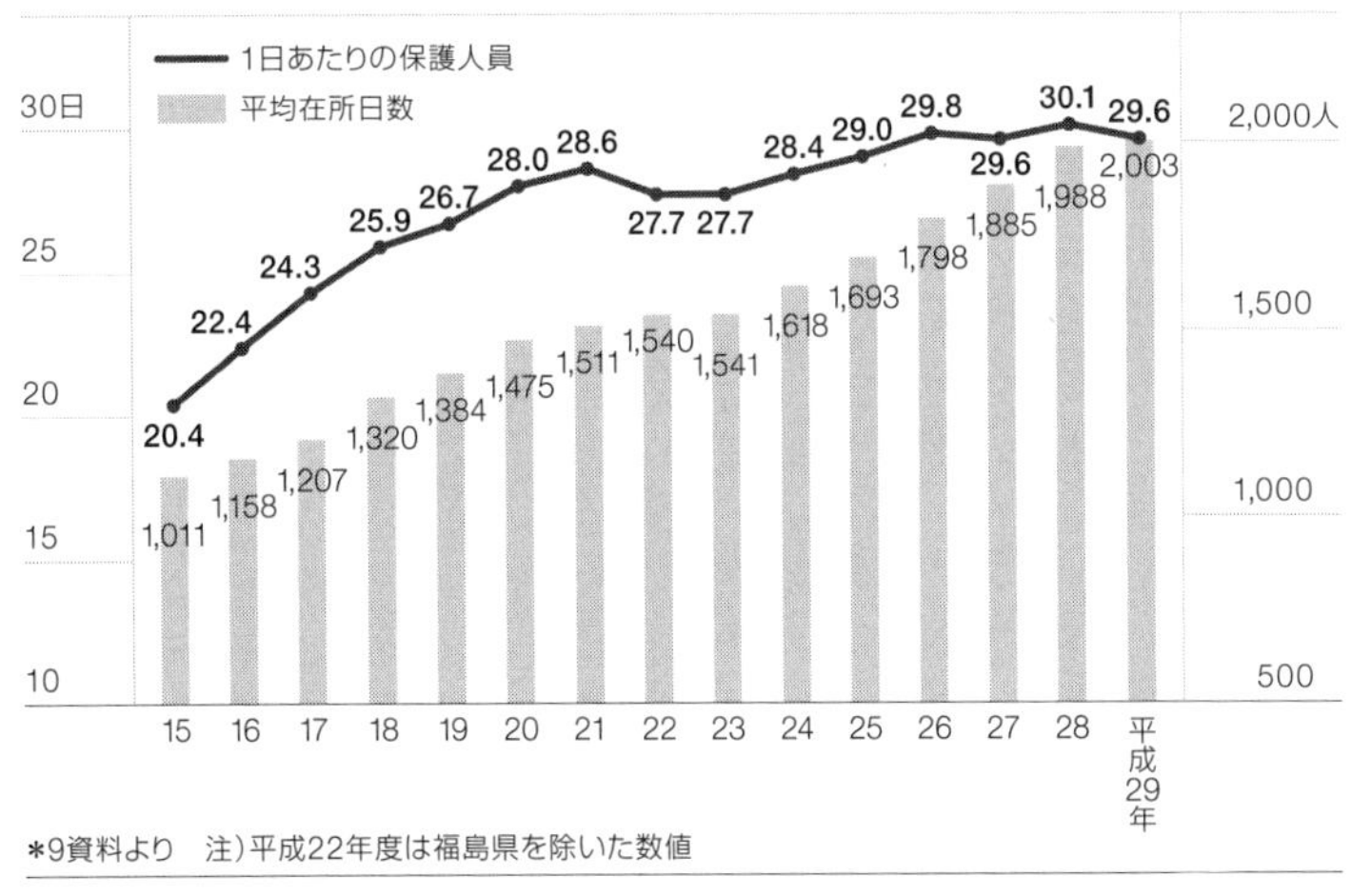

＊9資料より　注）平成22年度は福島県を除いた数値

平成30年（2018年）時点で、定員をオーバーしても受け入れていた一時保護施設は13か所（9・6％）に達していました（※厚生労働省子ども家庭局家庭福祉課調べ）。

定員オーバーしそうな施設を示唆する「80％以上100％未満」の施設も23か所（16・9％）に及んでおり、全国の26・5％（4か所に1か所）の一時保護施設で「定員オーバー」による弊害が懸念されていたのです［図表1-11］。

定員オーバーが続けば、1人あたりのスペースは狭くなり、子どもがストレスや緊張感でいじめや暴行に及ぶおそれが高まります。すると、職員が子どもたちに対してよりきびしい管理をする傾向が強まり、それが子どもたちをさらにストレスフルな環境へ追いつめるという悪循環となります。

保護の対象となる子どもが増えれば、保護施

図表1-11｜平成30年1〜12月の間の一時保護所（136か所）の平均入所率

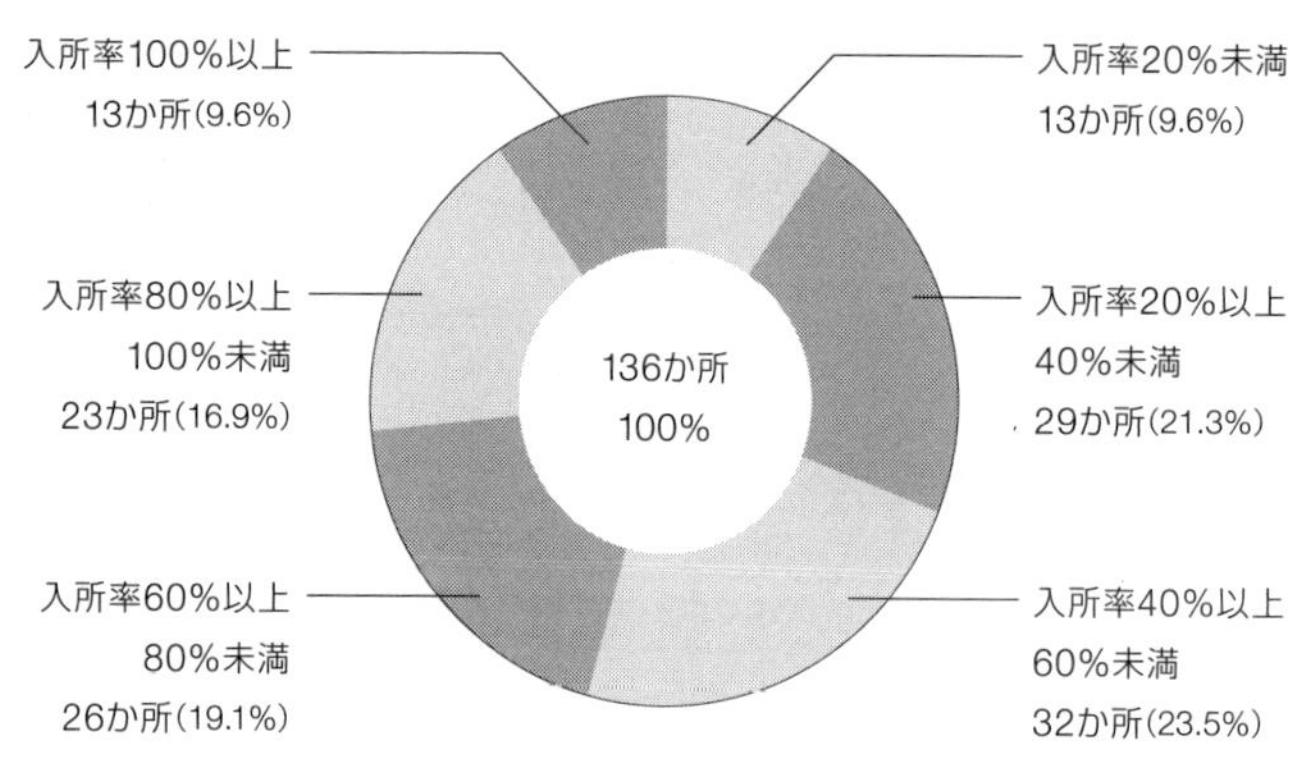

厚生労働省子ども家庭局家庭福祉課調べ

設を増やす必要があります。

しかし、莫大な金がかかるハコモノの建設に議会が予算をつけるのは容易ではありません。地域住民による建設反対の声が高まれば、被虐待児は行き場を失いかねません。

２０１８年に東京・港区の南青山で児相の建設の説明会を開いたところ、近隣住民から反対の声が上がったことは記憶に新しいでしょう。

この「港区子ども家庭総合支援センター」（仮称）は、東京メトロ千代田線の表参道駅に近い南青山５丁目に、建築費を含めた総事業費が１００億円に上る大きな複合施設（地上４階建て）として、令和３年（２０２１年）４月に開設される予定です。

これまで被虐待児を保護できるだけの十分な施設数まで増やせるよう予算をつけなかったのは、子ども虐待の深刻さに向き合わなかった有権者である大人です。

それによって割を食う子どもが今も少なからずいる現実を、知っておく必要があります。

親権制限は年間約400件、オレンジリボン運動はオワコン

一時保護の生活が子どもにとって耐えがたいなら、「親権の一時停止を家庭裁判所に請求すればいい」と言い出す人もいます。

では、親権喪失、親権停止または管理権喪失の審判は、どのくらい行われているでしょうか？ 最高裁判所事務総局家庭局が発表している「親権制限事件及び児童福祉法28条事件の概況」を見ると、平成30年（2018年）度は親権制限事件全体でも年間399件。全国でたった400件程度しか親権停止などの審判は行われていません[*10]［図表1-12］。

同年度で虐待が理由で一時保護された件数は、1万4468件。

399件÷1万4468件＝0・0275…（約2・8％）

児相に保護されても、親権を止めて危険な親から離れられるチャンスは、約2・8％。

海外の児童養護事情を視察した参議院議員の山田太郎さんは、「ドイツは（年間）1万5千件から2万件、イギリスは2～5万件ほど親権停止します」と報告しています。子どもの人権を最優先に考えるなら、年間400件程度しか親権制限事件がない日本の状況は明らかにおかしいです。[*11]

図表1-12｜親権制限事件の新受件数の推移（平成21～30年）

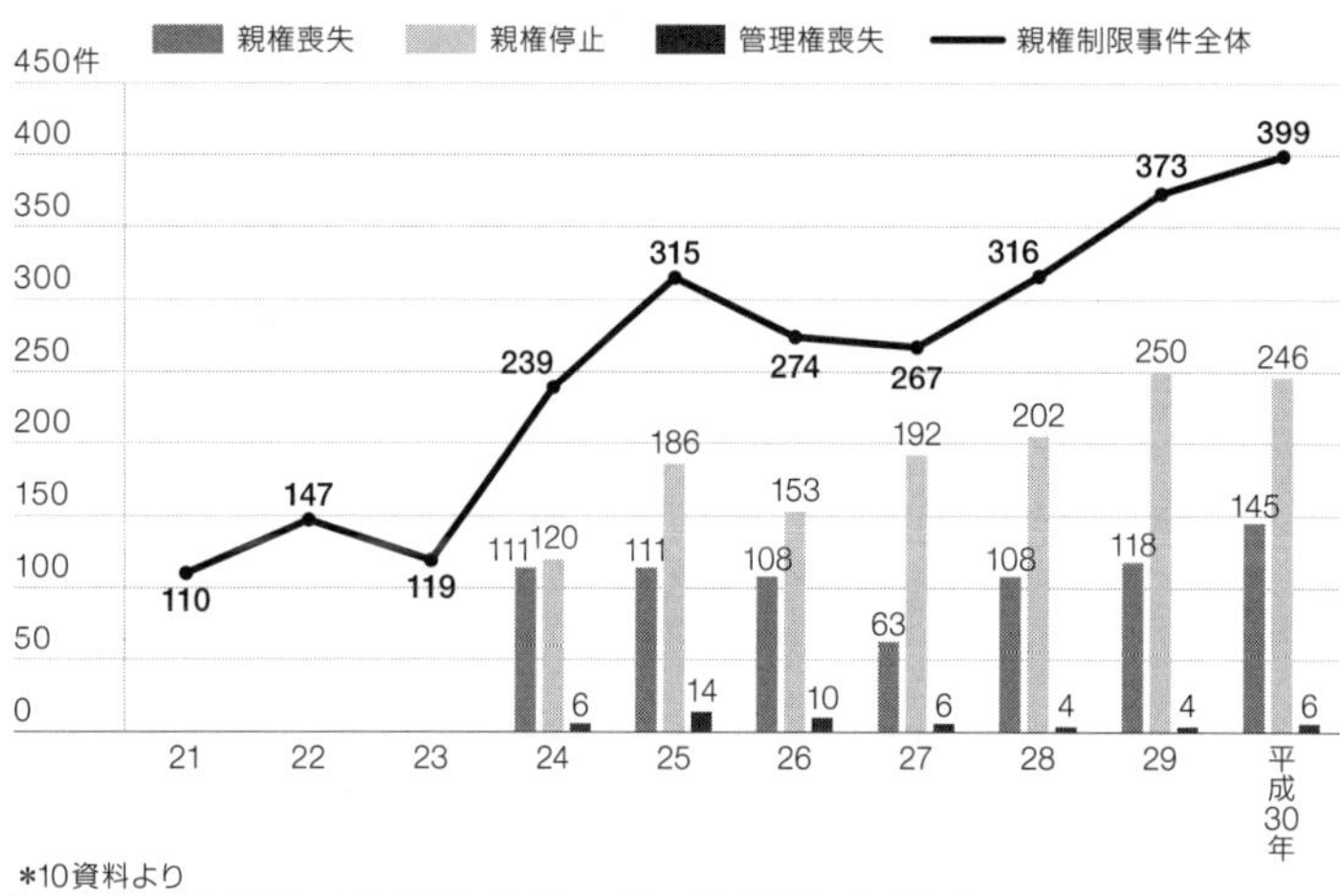

＊10資料より

平成23年（2011年）に改正される前の民法では、親権喪失などを家庭裁判所に請求できるのは子どもの親族、検察官、児相所長（親権喪失のみ）に限られていました。現在の民法では、これに加えて子ども本人、未成年後見人および未成年後見監督人も請求できるようになっています（※未成年後見人とは、親権を行う者がない時、または親権を行う者が管理権を有しない時に家庭裁判所がその未成年者に対して選ぶ後見人。未成年後見監督人とは、未成年後見人の事務を監督する人）。

今日では、子ども本人にも親権喪失などを家裁に請求する権利があるのです。

なのに、この権利について子どもは学校でも児相でも教えられていません。しつけと称して子どもに暴力を振るったり、暴言を吐いたり、子どもの世話を放棄するなどの虐待が親権の濫用に当たることも、教わるチャンスがないのです。

その結果、１８９で虐待を通報した人の中で、子ども本人は１%にすぎません[図表1-02]。平成30年（２０１８年）度は全国の児相に15万９８５０件の虐待相談が寄せられましたが、児童本人からの相談は１４１４件のみ。

相談経路のうち、警察からの相談が50%。これに、学校など（７%）・福祉事務所（５%）・医療機関（２%）・児童福祉施設（２%）を合わせると、役所関係が66%と一番多かったのです。

一方、１８９を利用した人の中で、近隣知人はたった14%。２万人程度にすぎません。日本には成人の国民は約1億人。そのうちの２万人程度しか虐待相談をしなかったことは、たった０・02%の大人しか１８９を利用しなかったことになります。

１８９のダイヤルを広く市民に啓発するオレンジリボン運動は、10年以上も続けてきたのに、結果を出せなかったのです。子ども自身に１８９が伝わっていない惨状を見れば、この運動の失敗は明白。オレンジリボン運動はもはや、厚労省や自治体、企業、市民、政治家が税金を使ってやる事業ではありません。

児童虐待の防止等に関する法律の第６条には、こうあります。

「児童虐待を受けたと思われる児童を発見した者は、速やかに、これを市町村、都道府県の設置する福祉事務所若しくは児童相談所又は児童委員を介して市町村、都道府県の設置する福祉事務所若しくは児童相談所に通告しなければならない」

この法律は、児童福祉法第25条（要保護児童発見者の通告義務）に基づくもの。それでも、ふだん仲良くしているご近所の人を密告するなんて、積極的にはしたくない。それが一般市民の本音です。

毎朝、ごみ集積場で「おはようございます」と笑顔であいさつを交わし合っている近隣住民に子ども虐待が疑われても、あなたが虐待通告した後で「通告したのはあの人よ」と自分が疑われた時、あなたは地域社会で不安なく暮らしていけますか？

あとで間違いだったと判明しても、通報者は法的な責任を問われません。しかし、うわさによって暮らしにくくなるリスクは大きく、密告制度を議決した政治家が判断を間違えていたのです。

虐待相談を増やすことは、児相の施設や職員を増やし、職員をさらに忙しくさせるばかりで、「子どもを返せ」と迫る親権者への対策も十分にできないまま、1件ごとの解決精度を甘くしてきました。相談の増加は、被虐待児を救うどころか、危険へと導くおそれがあったのです。

さんざん虐待された後の子どもの2割未満だけを保護するという実態を「虐待防止策」と呼ぶのは、おかしいです。

むしろ、親に子どもを虐待させない仕組みを作るための調査や議論、虐待の現状、虐待された子どもや被害経験者（虐待サバイバー）の求める防止策のニーズを1人でも多くの人が知る活動に、お金・時間・労力を最優先で投入する頃合いではないでしょうか。

児相に運良く保護されても、その先に送られる養護施設や里親などの養育現場で、被虐待児はさらにつらい苦しみを負っているからです。

図表1-13｜児童養護施設・乳児院・里親等の委託率の推移（平成20～30年度）

年度	児童養護施設		乳児院		里親等	
	入所児童数（人）	割合（%）	入所児童数（人）	割合（%）	委託児童数（人）	割合（%）
平成20年度末	29,818	81.3	2,995	8.2	3,870	10.5
21年度末	29,548	80.8	2,968	8.1	4,055	11.1
22年度末	29,114	79.9	2,963	8.1	4,373	12.0
23年度末	28,803	78.6	2,890	7.9	4,966	13.5
24年度末	28,233	77.2	2,924	8.0	5,407	14.8
25年度末	27,465	76.2	2,948	8.2	5,629	15.6
26年度末	27,041	75.5	2,876	8.0	5,903	16.5
27年度末	26,587	74.5	2,882	8.0	6,234	17.5
28年度末	26,449	73.9	2,801	7.8	6,546	18.3
29年度末	25,282	73.9	2,706	7.8	6,858	19.7
30年度末	24,902	71.8	2,677	7.7	7,104	20.5

*12資料より

保護されても、そのほんの一部だけが社会的養護へ

日本には、保護者のいない児童、虐待などの理由で家庭にいられないために養護される子どもが、約4万5000人もいます。町村が「市」に移行する要件が5万人以上なので、社会的養護の対象となる0～19歳までの子どもたちだけで一つの市ができそうなほど多いのです[*12]。

こうした子どもの約8割は児童養護施設や乳児院などの施設で暮らし、残り約2割は里親家庭やファミリーホームで育てられています［図表1-13］。

ファミリーホームとは「小規模住居型児童養育事業」で、定員5～6人を養育者の住居で養育を行う家庭養護のこと。里親による家庭養

護では、定員児童は4人までです[13]。

平成30年（2018年）度に児相が対応した虐待相談は15万9838件のうち、一時保護されたのは2万4864件（児童虐待を要因として一時保護したが、同年度中に一時保護を解除した延べ件数）。この年度では、施設に入所したり、里親に預けられたのは、4641件でした［図表1-08］。

施設入所等件数（4641件）÷保護件数（2万4864件）＝0.186…（約19％）

保護された5件に1件に相当する子どもしか、社会的養護を受けられていませんでした。その内訳を見ると、児童養護施設へ入所したのが2441件、乳児院が736件、その他の施設が813件、里親などに委託したのが651件。約53％の被虐待児が児童養護施設に入り、約14％の被虐待児が里親などへ預けられたのです。

一口に「施設」といっても、それぞれの施設によって養育されている子どもの属性は異なります。乳児院では、保護者のいない乳幼児か、保護者による養育が困難または不適当な乳幼児を養育しています（※就学前まで）。児童養護施設では、保護者のいない児童、虐待されている児童、その他環境上養護を要する児童を養育しています（※特に必要な場合は乳児から20歳未満まで）。

児童心理治療施設では、家庭環境、学校での交友関係、その他の環境上の理由で社会生活への適応が困難となった児童が対象です。

児童自立支援施設では、不良行為をするか、そのおそれのある児童や、家庭環境その他の環境上の理由で生活指導等を要する児童を入所させて（あるいは保護者の家から通わせて）、生活指導・学習指導・職業指導などを通じて心身の健全な育成と自立支援を図っています。

母子生活支援施設（昔の母子寮）は、基本的に18歳未満の子どもを養育している母子家庭、または何らかの事情で離婚の届出ができないなど、母子家庭に準じる家庭の女性が子どもと一緒に利用できる施設。

自立援助ホームは、児童養護施設等を退所した義務教育終了後の児童（原則15～20歳。状況によって22歳まで）を養育する民間の施設で、ＮＰＯなどが運営しています。子どもは、働きながら家賃・食費などに相当する３万円ほどを自己負担しています。

児童養護施設の数は、少しずつ増えてきました。

しかし、定員充足率は90％から80％の間で揺れてきました。空きを増やしてこられたのは、里親などへの委託を増やしてきたのと同時に、中卒以上の子どもを児童養護施設から自立援助ホームへ送り出せるようになったことも一因でしょう。

全国自立援助ホーム協議会によると、自立援助ホームは令和２年（２０２０年）９月１日時点で全国に１９２ホームまで増えてきたようです[*14]［図表1-14］。

それでも、民間で自立援助ホームを立ち上げ、運営を持続可能にするには、寄付に依存した資金繰りでは大変。政府は景気高揚策に失敗し続けていますから、景気の悪化が続けば、自立援助ホームの運営の持続可能性や新設は危ぶまれます。

すると、虐待相談が増え続けている以上、中卒後も児童養護施設で暮らす子どもが増え、養護施設は遅かれ早かれ定員超過になるでしょう。定員超過になれば、一時保護所と同様に子どもたちはストレスフルな生活を強いられます。

しかし、一時保護所ですら定員超過になっていることをさほど問題視せず、子ども虐待にも関心が薄い日本人が、児童養護施設の定員超過を深刻に受け止めて政治家に強く働きかけるかどうかを考えると、むなしい気持ちもわき上がってきます。

そこで、「虐待された子どもは児相で保護すればいい。それが虐待防止だ」とする政策に本当に正当性があるのかを検証してみる必要がありそうです。

子どもは「保護の対象」から「権利の主体」へ

社会的養護の取り組みには、児童福祉法という根拠法があります。

その第1条には、こう書かれています。

「全て児童は、児童の権利に関する条約の精神にのっとり、適切に養育されること、その生活を保障されること、愛され、保護されること、その心身の健やかな成長及び発達並びにその自立が図られることその他の福祉を等しく保障される権利を有する」

また、「児童の権利に関する条約」(通称:子どもの権利条約)は、18歳未満のすべての人の保護と基本的人権の尊重を促進することを目的として、平成元年(1989年)の国連総会で採択されました。[*15]

図表1-14｜自立援助ホーム設置数の推移

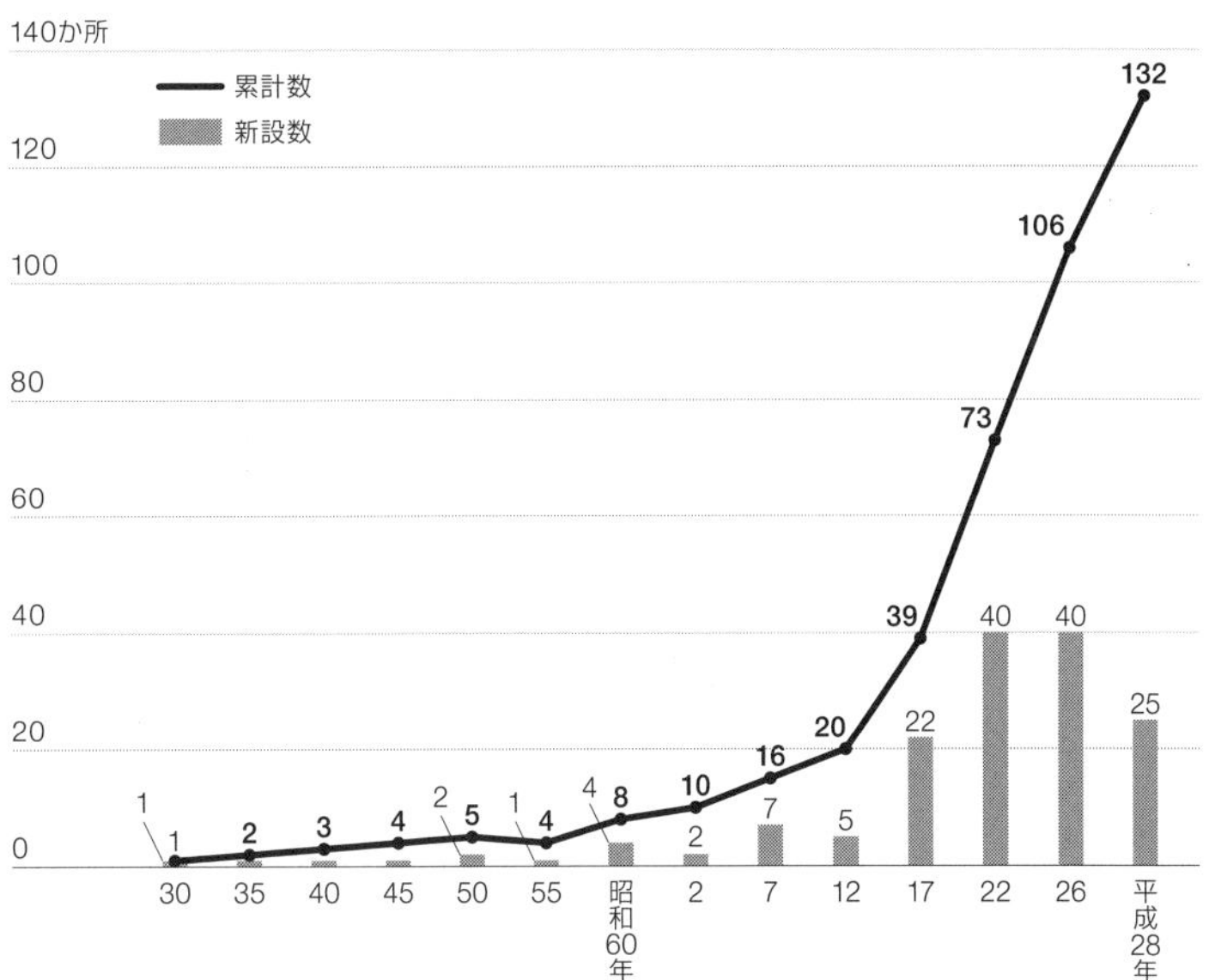

全国自立援助ホーム協議会のホームページより。未入会を除く

日本は平成２年（１９９０年）９月にこの条約に署名、平成６年（１９９４年）４月22日に批准し、同年５月22日から効力が生じています。

日本国憲法では、「日本国が締結した条約及び確立された国際法規は、これを誠実に遵守することを必要とする」と明記されています（第98条）。そのため、批准した以上、条約に拘束され、国内法を整える必要があります。

児童の権利に関する条約の第３条には、「児童に関するすべての措置をとるに当たっては（中略）児童の最善の利益が主として考慮されるものとする」と書かれています。

「児童の最善の利益」とは何でしょうか？

平成27年（２０１５年）８月、当時は東京都議会議員だった音喜多駿さんは、自身のブログで「実は国連から『子どもの人権侵害』への懸念で勧告を受けている日本」という記事を発表しました。[*16]

音喜多さんは、条約の前文にある「家庭環境の下で幸福、愛情及び理解のある雰囲気の中で成長すべき」というフレーズを引用し、平成22年（２０１０年）６月20日の「国連子どもの権利委員会」からの公式な報告書で「親の養護のない児童を対象とする家族基盤型の代替的児童養護についての政策の不足」が指摘されていることを紹介したのです。

「児童の最善の利益」とは、施設より家庭での社会的養護を増やすこと。そのための政策を作り、議決することが条件によって求められているのです。これは、諸外国における養護のあり方とは真逆の方針を日本がとっていたからです。

図表1-15｜各国の要保護児童に占める里親委託児童の割合（平成22年前後の状況）

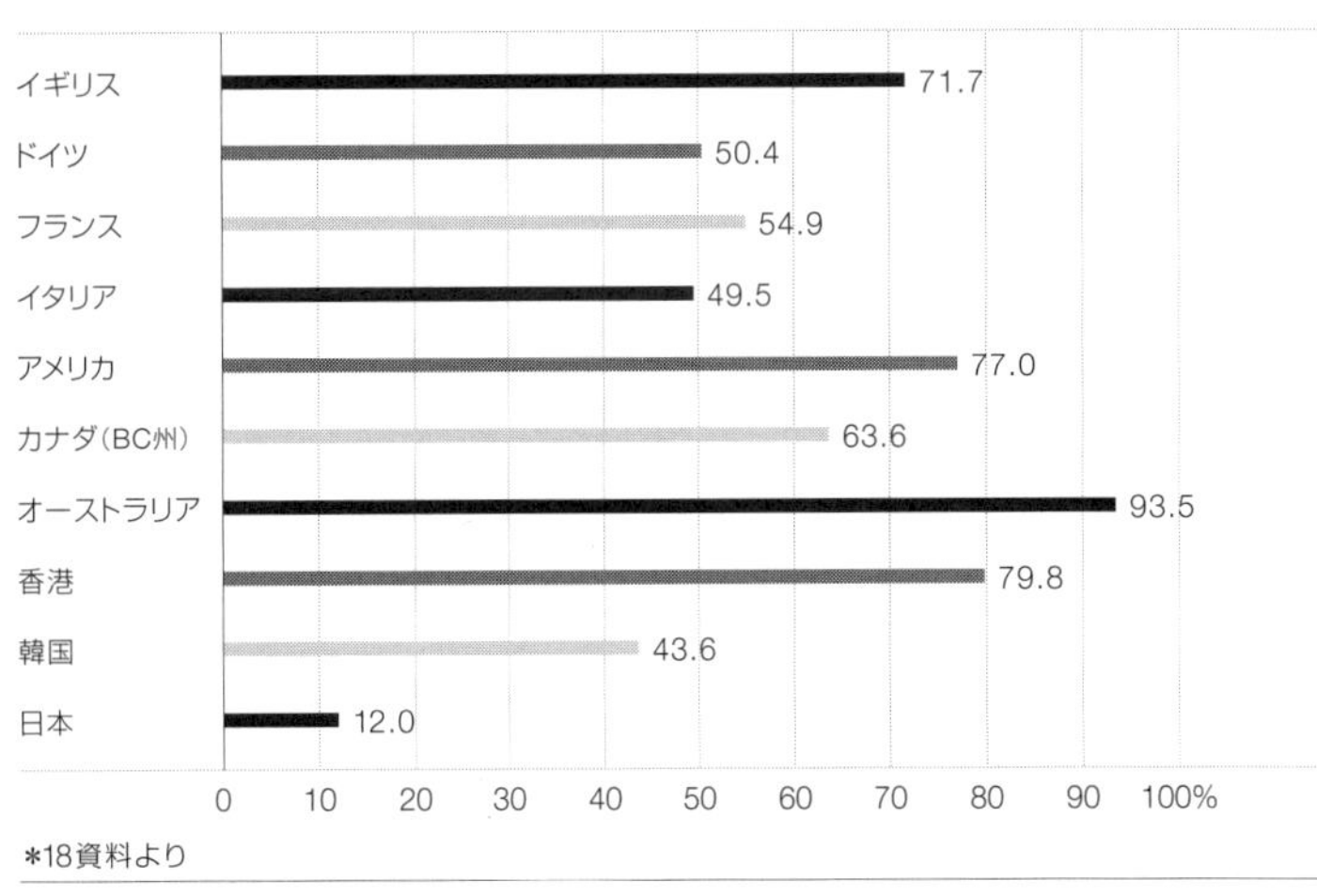

＊18資料より

平成22年（2010年）前後では、各国の要保護児童に占める里親委託児童の割合を見ると、欧米では半数以上が里親に委託しているのに対し、日本は10％台で突出して低い水準でした[＊17]［図表1-15］。

同年5月にユニセフ事務局長に就任したアンソニー・レーク氏は、前年のユニセフ執行理事会における会議でこう述べています[＊18]。

「子どもにとって、家庭に基づくケアが最善であり、施設での養育は最後の選択肢であるべきです。安全な場所を与える以上に、愛情があふれ、支えになってくれる環境こそが、子どもたちにとって大切なのです。こうした環境は、子どもたち自身が持つ力を自ら開花させる助けとなり、子どもたちはやがて社会の一員として貢献してくれるようになります」

この方針に反する日本は、国連から改善勧告を受けていました。だから音喜多さんは「我が国は、子どもの人権を侵害する該当国だった」と書いたのです。

もっとも、日本政府は、平成28年（2016年）6月3日に「児童福祉法の一部を改正する法律」を制定・施行。改正した内容には、こんな点も加えられました。

◎全て児童は、児童の権利に関する条約の精神にのっとり、適切に養育されること、その生活を保障されること、愛され、保護されること、その心身の健やかな成長及び発達並びにその自立が図られることその他の福祉を等しく保障される権利を有する

◎全て国民は、児童が良好な環境において生まれ、かつ、社会のあらゆる分野において、児童の年齢及び発達の程度に応じて、その意見が尊重され、その最善の利益が優先して考慮され、心身ともに健やかに育成されるよう努める

◎児童の保護者は、児童を心身ともに健やかに育成することについて第一義的責任を負う

この改正は、子どもを一方的に支援される対象としていた従来の考えを改め、守られる権利の主体者として位置づけ、「意見が尊重」される点で画期的でした。児相に保護されたいのかどうかの意思決定の権利者に子ども本人が含まれることを初めて明記したからです。

ただし、子どもの意思決定を役人が子どもに確かめない現状を逆手にとったのが、千葉県野田市

の女児虐待死事件の父親でした。

女児の命を軽んじた野田市の虐待死

平成29年（2017年）11月、小学3年生だった栗原心愛（みあ）さんは学校のいじめアンケートに「お父さんにぼう力を受けています」と書きました。その後、児相で一時保護されたものの、2か月も経ずに親族宅に戻され、翌30年1月、心愛さんは母親に「アンケートを両親に見せてもよい」という同意書を書かされたのです。

同意書は市教育委員会に持ち込まれ、開示されました。心愛さんは母親から児相職員宛ての手紙も書けと強いられ、抵抗したものの、「お父さんに叩かれたというのはうそです。児童相談所の人にはもう会いたくない」と書かされました。その手紙の文面は、父親が考えたものでした。

この手紙を父親が職員に渡したため、転校先の小学校で児相職員との面談ができたものの、児相職員が心愛さんの家を訪ねてくることはなくなりました。

その後、心愛さんの父親は、娘に暴行して胸骨骨折などのけがを負わせ、食事を与えず、シャワーで冷水を浴びせ、飢餓や強いストレス状態にさせて死なせたなどの傷害致死事件として起訴され、2020年3月、千葉地裁は懲役16年を言い渡しました（求刑は懲役18年）。

なお、母親は、娘に対する夫の暴行を止めなかったとして傷害ほう助の罪に問われ、懲役2年

6か月、保護観察つき執行猶予5年の一審判決が確定しています。

行政は、「子ども自身の意見をお子さんから直接聞かなければ、私たちは何もできません。法に従って仕事をするのが私たち役人ですから」と親権者をつっぱねてもよかったはず。役人が改正法を具体的にどう運用すべきかを理解していなければ、親権者が子どもにうその文面を書かせる手口は今後もまかり通ってしまうでしょう。

それでも、国連が示す児童の権利である「生きる権利」「育つ権利」「守られる権利」「参加する権利」のうち、「参加する権利」（自由に意見を表したり、団体を作ったりできること）以外がほぼ日本の法律に明文化されたことは特筆に値します。

また、社会的養護では、家庭での養育を優先し、施設での養育は次善の策として定められました。

「国及び地方公共団体は、児童が家庭において心身ともに健やかに養育されるよう、児童の保護者を支援しなければならない。ただし、児童及びその保護者の心身の状況、これらの者の置かれている環境その他の状況を勘案し、児童を家庭において養育することが困難であり又は適当でない場合にあつては児童が家庭における養育環境と同様の養育環境において継続的に養育されるよう、児童を家庭及び当該養育環境において養育することが適当でない場合にあつては児童ができる限り良好な家庭的環境において養育されるよう、必要な措置を講じなければならない」（第3条の2）

こうした改正を経た日本政府が平成29年(2017年)6月に提出した報告書に対して、国連子どもの権利委員会による審査が行われ、子どもの虐待問題への対応強化などを求める「最終見解」が令和元年(2019年)2月7日に公表されました。[*19]

それによると、児童福祉法が改正され、「児童の権利に関する条約の精神にのっとり」との一文を入れたことと、子どもの代替的養育に関して原則、家庭養育が掲げられたことなどは、国連から一定の評価を得られたようです。

これは、今後の努力への期待を含めた評価にすぎません。日本の社会的養護の実態には、制度設計を担う官僚にとって、とんでもなく不都合な現実があるからです。

「2027年までに里親委託率75%」を掲げたトンデモ有識者

親と暮らせない子どもを里親などへ委託する数は、右肩上がりに増えてはいます。

しかし、児童養護施設や乳児院などの施設へ送る割合は約8割と依然として高く、里親などに委託する割合は平成19年(2007年)時点で10%。平成30年(2018年)でも20・5%までしか増えていません[図表1-13]。11年かけても2倍程度の増加率では、委託率が50%を超えるのは今後30年以上もかかります。

2017年、厚労省の有識者会議は「新しい社会的養育ビジョン」を示しました。

親元で暮らせない子ども（18歳未満）のうち、未就学児（小学校入学前の児童）については施設入所を原則停止する方針を明らかにし、「7年以内に（＝2024年までに）里親委託率75％を達成する」と数値目標を定めたのです。

75％は、あまりにも現実離れしています。有識者は厚労省の統計を読んでいないのでしょう。里親として自治体に認められる条件は、次のように厳しいのです。

▼次の①から③のいずれにも該当する者

①養育里親研修を修了したこと
②養育里親になることを希望する者及びその同居人が欠格事由に該当しないこと
③経済的に困窮していないこと

▼欠格事由

①成年被後見人又は被保佐人
②禁錮以上の刑に処せられ、その執行を終わり、又は執行を受けることがなくなるまでの者
③この法律及び児童買春、児童ポルノに係る行為等の処罰及び児童の保護等に関する法律（平成11年法律第52号）その他国民の福祉に関する法律の規定により罰金の刑に処せられ、その執行を終わり、又は執行を受けることがなくなるまでの者

④児童虐待の防止等に関する法律第2条に規定する児童虐待又は児童福祉法第33条の10に規定する被措置児童等虐待（※後述）を行った者その他児童の養育に関し著しく不適当な行為をした者

子どもに対する犯罪歴がある人を里親にしないのは、理解できます。しかし、実際に里親になろうとすれば、面倒な手続きが半年間も続くのです。

あなたが里親になりたい場合、まずは地域の児相へ問い合わせ、里親相談会に参加。里親の対象になるかどうかを確認するために、担当スタッフによる面接を受けます。その後、3回の座学と、児童養護施設への実習が数日あります。

それから資産状況や経歴書の提出、滞納している税金や犯罪歴の有無、研修での評価などをもとに数回の面接を経て、里親として適切かどうかの審議にかけられます。そのうえ、あなたの家庭をスタッフが訪問、安全面や衛生面、生活に十分なスペースがあるか、生活の様子などを見るとともに、常識やモラルも確認されます。

こうしたプロセスを経て、知事・市長の認定、登録まで進みますが、児相へ最初に連絡した時点から登録まで6か月程度を要します。最後に、子どもの環境の連続性、保護者対応や里親の特性・力量などについて考慮したうえでマッチングが行われます。

こうした手続きでは、欠格事由の具体的な条件を知ることになりますが、それは自治体によって異なります。

特定非営利活動法人ReBit代表理事の藥師実芳さんは、こう指摘しています。

「国内では、法律上、同性カップルが里親になることは制限されていません。ただし、都道府県や政令指定都市が制度の運用主体であり、実際には、職員に断られた同性カップルがいるなど、職員の偏見によって断られたケースもあります[20]」

平成29年（２０１７年）、大阪市が30代と40代の男性カップルを養育里親に認定しました。

養育里親とは、家族と暮らせない子どもを一定期間自分の家庭で養育する里親。期間は数週間から数年、十数年と子どもの状況に応じて異なり、原則として子どもが18歳になるまでが最長の期間です（子どもの状況によっては20歳まで、あるいは大学進学などを理由に22歳まで養育するケースも）。

この男性カップルは、同年２月から市から委託された10代の子ども１人を預かっており、同性カップルによる全国初の里親になりました。同時に、ほとんどの自治体では同性カップルを里親として認めていない現実も浮き彫りになりました。

子どもを産んだだけで、どんな人でも自動的かつ無条件に親権者になれるのに、里親の条件や手続きがここまで丁寧すぎれば、なり手を爆発的に増やすのは困難。

しかも、里親の要件をこれまで以上に厳しい内容に変えても、里親が子どもを虐待するリスクを減らせるわけではありません。

施設の職員や里親などにも虐待される子ども

児童福祉施設で生活している児童等（＝被措置児童等）に対し、施設職員・里親などが行う身体的虐待・心理的虐待・ネグレクト・性的虐待などの虐待を、「被措置児童等虐待」といいます。

児童福祉法第33条の10には、こう書かれています。

1　被措置児童等の身体に外傷が生じ、又は生じるおそれのある暴行を加えること

2　被措置児童等にわいせつな行為をすること又は被措置児童等をしてわいせつな行為をさせること

3　被措置児童等の心身の正常な発達を妨げるような著しい減食又は長時間の放置、同居人若しくは生活を共にする他の児童による前2号又は次号に掲げる行為の放置その他の施設職員等としての養育又は業務を著しく怠ること

4　被措置児童等に対する著しい暴言又は著しく拒絶的な対応その他の被措置児童等に著しい心理的外傷を与える言動を行うこと

つまり、施設職員や里親などに虐待されてしまう子どもがいるのです。

平成30年（２０１８年）度に都道府県市などで受け付けた児童福祉施設などにおける被措置児童等虐待に関する届出・通告者の総数は２７１人。届出・通告の受理件数は２４６件［図表1-17］。

平成29年（２０１７年）度以前からの継続事例39件を含む事例２８５件のうち、事実確認を行った

図表1-16｜児童福祉施設などにおける被措置児童等虐待件数（平成30年度）

		件数	割合（%）
社会的養護関係施設	乳児院	3	3.2
	児童養護施設	50	52.6
	児童心理治療施設	3	3.2
	児童自立支援施設	5	5.3
里親・ファミリーホーム		13	13.7
障害児入所施設等		17	17.9
児童相談所一時保護所（一時保護委託含む）		4	4.2
合計		95	100.0

＊21資料より筆者作成

事例は280件。その中で虐待の事実が認められた事例は95件（年間の全事例の中の33・3％）でした[*21]［図表1-16］。

この95件のうち一番虐待が多かったのは、児童養護施設（50件）。

平成30年（2018年）度末には、全国の児童養護施設に2万4902人の子どもが暮らしていました。1件に1人が虐待されていたとすると、児童養護施設で暮らして職員に虐待された確率は、次のとおりです。

50件÷2万4902人＝0・00200…（約0・20％）

里親・ファミリーホームでは、同年度に13件の虐待事例がありました。里親・ファミリーホームには7104人（うち、ファミリーホームには1434人）の子どもが委託されていました。里親・ファミリーホームで里親などに虐待された確率は、次のとおりです。

13件÷7104人＝0・00182…（約0・18％）

では、一般家庭ではどうでしょうか？

平成30年（2018年）度に児相が虐待相談を受けて一時保護した子どもは、2万4864件。0歳から19歳までの総人口は、平成30年（2018年）11月1日時点で約2132万人。[*22] すべての未成年者のうち、児相が保護した被虐待児の割合は、次のとおりです。

2万4864人÷2132万人＝0・00116…（約0・12％）

児相に寄せられる虐待相談のうち、その時点では虐待の程度が軽かったと判断されたり、一時保護所の定員が超過しているなどの理由で保護されない子どももいます。なので、保護した人数がそのまま家族に虐待された件数の実態を反映しているとはいえません。

とはいえ、虐待相談で児相に一時保護された件数を「虐待が認定された件数」とするなら、施設職員や里親などに虐待される確率は、一般家庭で家族に虐待される確率より高くなります。

以上の計算結果は、一般家庭で虐待されてきた子どもを児相が十分に救っていない現実を意味しています。同時に、（児童養護施設のように）育てる子どもの数が多ければ多いほど大人が虐待する確率が高まるおそれがあることを示唆しています。

育てられる場所によって虐待被害の割合に差が出ている現状は、改正児童福祉法の第1条に定められた次の内容に違反しています。

「全て児童は、児童の権利に関する条約の精神にのっとり、適切に養育されること、その生活を保障されること、愛され、保護されること、その心身の健やかな成長及び発達並びにその自立が図られることその他の福祉を等しく保障される権利を有する」

いずれにせよ、被虐待児が社会的養護の下で再び虐待されれば、深刻な精神病や自殺企図に導かれたり、自己評価を不当に低められて自分の権利を主張できなくなるなど、その後の人生に大きなハンデを負うおそれが高まります。

レアケースとはいえ、絶対にあってはならないことが、社会的養護の現場で起こっています。この現実を子ども自身が変えることはできません。有権者であるあなたが目を背けたら、誰が職員や里親などによる虐待から子どもを救えるのでしょうか？

聞き分けの悪い子を殴り、立場を利用して性虐待

厚労省は、「被措置児童等虐待」について報告のあった事例を、ホームページで公開しています。そのほんの一部を紹介します。[*23]

【児童相談所一時保護所】

・職員の指示に従わず抵抗した児童の頭を平手で叩いた。

・児童と言い合いになり、臀部と背中を蹴った。

【乳児院】

・布団から泣きながら出てきた児童を片手で持ち上げて、うつ伏せの状態で布団に戻し後頭部を軽く2回叩いた。

【児童養護施設】

・児童の暴言を受けて感情的になり、左頬を平手打ちした。
・児童に対し日常的に無視や自尊心を傷つけるような言動をくり返していた。
・注意に反発する児童と口論になり、寮舎入口を施錠して児童を締め出した。
・夜勤時に夜遅くまで児童の悩みを聞いているうちに性的関係に至り、その後は夜勤の度に施設内の休憩室等で性行為に及んでいた。
・職員が複数回児童を自宅に誘い、性交渉を行った。
・児童と性的な関係を持ち、服を着ていない写真をデジカメ等で撮影した。
・宿直勤務をしていた職員が、児童の居室に入り、寝ている児童の下着の中に手を入れて胸と性器を直接手で触った。
・職員と児童が恋愛関係に発展し性的な関係を持つようになり、施設外（ラブホテル）や施設内（職員が住んでいる部屋、児童の居室）で複数回性行為が行われていた。
・施設内の指導員室で児童の性器を舐めたり、自身の性器を舐めさせたりする等のわいせつな行為を行った。

【児童心理治療施設】

・児童からの悩みの相談を端緒とし、職員の宿直時に児童が宿直室を訪ね2人きりで会うようになり、身体接触や性器への接触が行われていた。

【児童自立支援施設】

・指導に対して不服そうな態度をとった児童と口論になり、腹部を殴った。

【障害児入所施設】

・言うことを聞かなかったので手で顔面を叩いた。

・職員の思うとおりに児童が行動しなかったため、手の甲を叩いたり、つねったり、物を投げつけたりした。

・複数の児童が特定の職員の夜勤時を狙い言葉や暴力で脅す等の行為について、施設長等が改善できなかった。

・嘔吐と体の震えが止まらない状況で「死んだ方がいい」とくり返し発言していた児童に対し、職員が「死ね」と言った。

・夜勤時に児童の居室でズボンやパンツを脱がし性器を触るなどの行為を行った。

【里親】

・傘を壊して帰ってきた児童が何度聞いても理由を言わないことに腹を立て、傘の柄で児童の頭や顔を叩いた。

・注意に反発して左腰付近を蹴った児童に対し、拳で顎を殴打した。

・里親家庭にボランティアとして関わっていた男性が、スマートフォンでわいせつな動画を児童に見せた。

【ファミリーホーム】

・ファミリーホームの同居人が児童に対し、「大人に対して偉そうにしません。偉そうにしたら3日間ゲーム禁止」などと記載したボードを首にかけて生活させていた。

・ファミリーホームの同居人が、車中で自身の性器を着衣の上から児童に触らせたり、ホームの一室で児童の性器に触れる等の行為を行った。

【指定発達支援医療機関】

・一時保護委託中の病院の病室で、夜勤中の准看護師と児童が性交渉を行った。

施設内での職員による虐待は、増加傾向

これだけ悪質な虐待が日常的に行われている現実を知ると、被措置児童等虐待の調査で届出・通告件数のうち、3割程度しか事実が認められていない(＝6割以上がうそ・未確認と判断された)点が不自然に思えてきます。

虐待の事実が認定された件数は、氷山の一角でしょう。役人どうしの「身内」のかばい合いで事実が認定されなかったり、虐待の程度を過小評価するケースもあるかもしれません。

２０１５年９月、京都市左京区にある児童養護施設の社会福祉法人「迦陵園（かりょうえん）」の施設長・松浦弘和（当時54歳）が、入所していた少女（当時17歳）に18歳未満と知りながら、わいせつな行為をして児童福祉法違反容疑で逮捕されました。

この事件では、施設長が逮捕される前に職員が公益通報の外部窓口にメールで通報。すると、職員が被害少女の担当外なのに相談記録を閲覧し、印刷して自宅に持ち帰ったことなどを理由に、京都市はこの職員を停職３日の懲戒処分にしたのです。

職員側は、「相談記録は児相職員の間で共有されるべきもの。職員が閲覧したのは児相が放置していた児童虐待の通告の対処を監視する目的で、公益通報の外部窓口に伝えるために持ち帰った」と主張しました。

懲戒処分の取消しを求めた訴訟を始めると、２０１９年８月に京都地裁は職員の訴えを認め、市に懲戒処分の取消しを命じました。[*24]

こうした現実をふまえると、役人ではない、民間のジャーナリストなどの第三者が定期的に施設を訪問して子ども自身から施設内の生活満足度に関する意見を丁寧に聴き出したり、子ども自身に弁護士や報道機関などの連絡先を教えるなど、子どもの権利を守れる風通しの良い環境に徹底的に改善するのが急務のはずです。

平成30年（２０１８年）度における被措置児童等虐待の届出・通告者の内訳は、児童本人が94人（34・7％）、当該施設・事業所等職員、受託里親が90人（33・2％）、家族・親戚が22人（8・1％）、学校・教育委員会が10人（3・7％）など[*25]［図表1-17］。

届出・通告先別件数では、児相が１５２件（61・8％）、「都道府県市の担当部署」が81件（32・9％）など。施設職員や里親などから虐待された子ども自身も、児相や役所に自ら助けを求めたのです。

親に虐待された子どもが、保護された先の大人にまた虐待されかねないという二次被害は、地元市民が県議会議員に対して「議会で児相の実態に関する質疑をしてほしい」と求めない限り、県民に広く知らされることもなく、今後も続きます。

こうした「施設内虐待」が発覚した際は、知事が必ず記者会見を開いて虐待の詳細な事実と加害者の処分を公開する（非公開にしない）という条例が必要です。そうした条例は、市民なら誰でも地方議員に提案し、議会にはかれることです。

児童福祉法の第33条の16には、こう書かれています。

「都道府県知事は、毎年度、被措置児童等虐待の状況、被措置児童等虐待があつた場合に講じた措置その他厚生労働省令で定める事項を公表するものとする」

そこで厚労省も、「各都道府県におかれては、被措置児童等虐待の状況等の公表につき、遺漏なきようお願いしたい」と通達しています。

虐待の事実が表沙汰にならなければ、子どもは周囲の大人に対する不信感や不安を感じながら大人の都合で生活拠点をたらい回しにされ、それまでの友人とも縁遠くなり、孤立を深めてしまいます。狭い施設内で職員からの性虐待がうわさになれば、被害者の子どもは、子どもどうしの間で友人や仲間を失うでしょう。

その痛みは、被害当事者の子どもだけが負うのではありません。たとえ自分が職員から虐待されなくても、同じ施設で暮らしている大事な友人やかわいい後輩が虐待されたら、子どもにとっては大きなショックになり、大人への不信と不安を高めます。

今日では、子どもの目の前で親がその配偶者に暴力を振るう「面前ＤＶ」（ドメスティック・バイオレンス）も「心理的虐待」とみなされ、この虐待を目撃した子どもは「心理的虐待」を受けたとして対応するよう、厚労省が指針を示しています。

「被措置児童等虐待」でも、虐待する大人と被害者の子どもの周囲で現場を見ていた子どもは、面前ＤＶと同様に心理的虐待を受けたとして統計に反映すべきです。そのように、家族による虐待の定義を社会的養護にも徹底すれば、被害の実態はこれまでの統計よりはるかに多くなるでしょう。

全国の児相に寄せられる虐待相談も、行政が虐待通告を徹底したら、調査初年の平成２年（１９９０年）と比べて28年後には約１６０倍に増えました。

児童養護施設の玄関や子ども部屋などに施設内で虐待された時に相談できる市役所の福祉課や新聞社の編集部などの電話番号を掲示するなど、虐待の事実をすぐに外へ公開できるようにしておけば、被措置児童等虐待に関する届出・通告が年間３００件程度で収まるわけがありません。

図表1-17｜被措置児童等虐待の届出·通告者の内訳(平成30年度)

	人数	割合(%)
児童本人	94	34.7
児童本人以外の被措置児童等	4	1.5
家族・親戚	22	8.1
当該施設・事業所等職員、受託里親	90	33.2
当該施設・事業所等元職員、元受託里親	2	0.7
児童家庭支援センター	0	0.0
学校・教育委員会	10	3.7
保育所・幼稚園	4	1.5
市町村	3	1.1
児童委員	0	0.0
近隣·知人	6	2.2
医療機関・保健機関	3	1.1
その他	23	8.5
不明(匿名を含む)	10	3.7
合計(*)	271	100.0

*1件に対して複数の者から届出·通告のあった事例があり、
合計人数は届出·通告受理件数の総数246件と一致しない。

*25資料より筆者作成

図表1-18｜事実確認済みの被措置児童虐待の施設別件数の推移（平成21～30年）

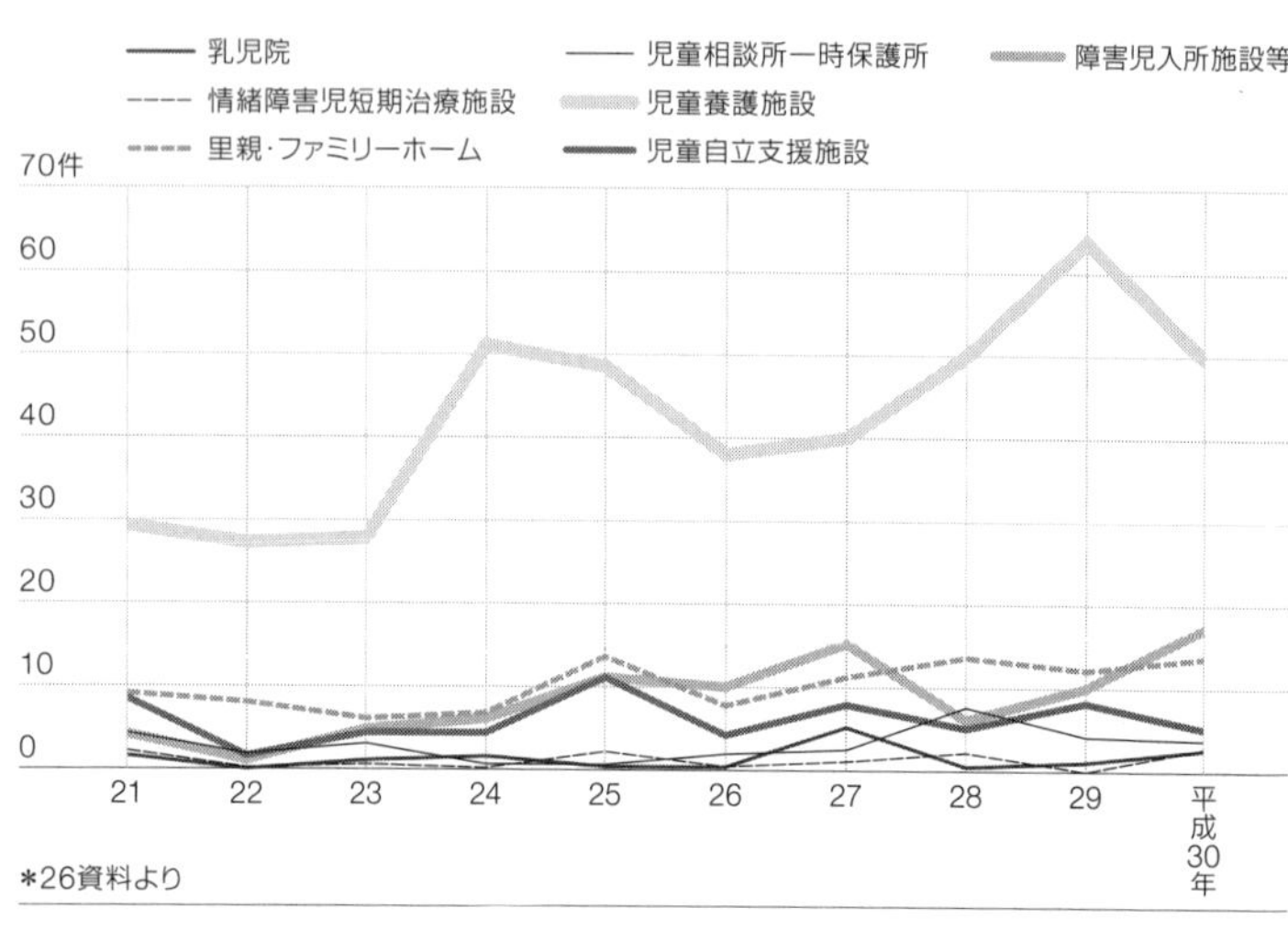

＊26資料より

こうした社会的養護の現場における虐待の現実を、ほとんどの国会議員は知りません。しかし、今あなたが読んでいるこの本を地元の政治家に送れば、彼らは議会で児相や児童福祉の担当役人に質問し、対策を講じ始めます。そうなれば、施設内虐待の被害報告は10年も経たずに年間1万件以上に増えるかもしれません。

なお、事実が確認された「被措置児童等虐待」の件数の推移を見ると、平成21年（２００９年）から平成30年（２０１８年）までの10年間では、預かる子どもの数が多い児童養護施設が突出して多く、増加傾向になっています[*26]［図表1-18］。

児相への虐待相談は今後も増え続け、それに比例して被措置児童等虐待も増えていくはず。もっとも、施設内では子どもどうしによる虐待も深刻化しているのです。

施設では、「子ども間」の暴力で裁判も

児童養護施設で暮らす子どもどうしの間で、性的な暴力や殴る蹴るなどの身体的な暴力が相次いでいます。

施設で暮らしていた少年は、このような体験を教えてくれました。

「中学生になると、その施設にはチンピラっぽい高校生のSがいました。金茶色の髪で、日頃から後輩に暴力をふるっていました。年上には絶対服従。Sは私を殴り、蹴り、サンドバック扱いしてきました。肩や腹など外から見えない場所にはSの拳のあとが残り、痣になっていましたが、Sの暴力はずっと続きました。自分でもどう耐えていたのか、思い出せません。私は施設の職員に助けを求めました。

『痛いんだ、助けて。つらい、苦しい』

しかし、『お前が悪い』の一言だけ。この頃から私は学校から施設に帰るのが嫌になり、部活が終わると、なるべく遠回りして帰りました。施設でSに会う時間を減らすためです。帰れば地獄が始まるから。当時の私は、自分が悪いのだと思っていました」

NHKが全国の都道府県を取材した結果、東京や埼玉、三重など少なくとも九つの都府県で、2018年3月までの5年間に性暴力だけで409件の報告が施設から自治体に寄せられていたそうです。[*27]

くわしい情報が開示されたケースでは、被害者の年齢は3歳から15歳、加害者は11歳から17歳。性暴力は、男女間だけでなく、同性間でも起きていたといいます。

こうした施設内での子ども間の暴力について、厚労省は「実態を把握する必要がある」として、平成30年（2018年）度から全国の施設を対象に件数や内容などを調査することになりました。この調査を行うきっかけとなったのは、一つの事件です。

平成23年（2011年）～翌24年（2012年）に三重県の児童養護施設に預けられた小学生女児（当時7歳）が、同じ施設の男子中学生（当時13歳）からキッチンや学習室で下着を下ろされて下半身を押しつけられるなど、わいせつ行為をくり返し受けていました。

平成25年（2013年）、被害者の女児の母親が県と施設、加害少年に損害賠償を求めて提訴。平成29年（2017年）4月、津地裁は性被害を認め、少年の母親に180万円の支払いを命じました。

NHKの取材によると、被害女児の母親は「娘は学校に通えなくなり、夏でもパーカーを着て肌の露出を避けていて、今も影響が残っていると感じる」と話したそうです。

「子どもを虐待する子ども」については、親から虐待されてきたことで自分より弱い者を支配したがる傾向があると指摘する専門家もいます。それも大きな一因でしょう。

もっとも、施設の職員や里親などからも自分や友人が虐待されるおそれが常にあるストレスフルな環境で、学校以上に厳しい管理・指導がなされれば、子どもの心はすさんでしまい、自分が容易に支配できる弱い者に対して暴力を働くのかもしれません。

家で暮らせないから施設や里親の元で暮らしているのに、大人や子どもに虐待されても、避難することは許されていないのです。日本では、子どもの身柄や命は法律上、親権者あるいは国家のものであり、子ども自身のものではないからです。

だから、「生死をさまようような毎日。死にたかった」と証言する施設出身者もいます。それでも、せめて自分で自分自身を支えられるような夢を持てて、将来だけは自由に設計できるなら、かすかな希望も育めるかもしれません。

しかし、施設で暮らせば、いくら学業成績を高める努力をしても、大学進学を希望する子どもにとっては大きなハンデになります。

施設で育つと、大学進学率が3分の1に激減

平成29年(2017年)度末に高校などを卒業した子ども全体(113万6000人)のうち、平成30年(2018年)5月1日現在の進路を見ると、「大学など」(大学・短大・高等専門学校高等課程)に進学できたのは、59万2000人(52・1%)。

しかし、同年度に児童養護施設で育った子ども1715人のうち、「大学など」に進学できたのは、276人(16・1%)にすぎません。児童養護施設で育つと、大学などへの進学率は3分の1に下落してしまうのです[*28][図表1-19]。

就職		その他	
1,072人	62.5%	114人	6.6%
126人	7.3%	35人	2.0%
946人	55.2%	79人	4.6%
203,000人	17.9%	53,000人	8.4%

施設出身者の進路の年次推移を見ると、大学などへの進学率は少しずつ上昇してはいますが、就職する子どもが6割以上と圧倒的に多数[29]［図表1-20］。

一般の高卒者で就職するのは18％未満ですから、施設で育つことがどれだけ進路選択の幅を狭めているかがわかります。実際、職員や子どもどうしによる施設内虐待を近くで見ている環境で受験勉強に集中することは、かなり困難。

進学費については、今日ではさまざまな支援が充実しつつあります。日本学生支援機構の給付型奨学金では、社会的養護を必要とする人には「自宅外通学」の月額が支給され、さらに一時金として24万円が振り込まれます（初回の振込時に1回のみ）。貸与型との併用も可能です。

経済的理由で大学・専門学校への進学をあきらめないよう、２０２０年4月に進学・進級する学生から給付奨学金の対象者が広がり、世帯収入の基準を満たしていれば、支援を受けられます。給付型奨学金の対象になると、授業料・入学金も免除または減額されます。

図表1-19｜高等学校等卒業後の進路
（平成29年度末に高等学校等を卒業した児童のうち、平成30年5月1日現在の進路）

		進学			
		大学等		専修学校等	
児童養護施設児	1,715人	276人	16.1%	253人	14.8%
うち在籍児	324人	90人	5.2%	73人	4.3%
うち退所児	1,391人	186人	10.8%	180人	10.5%
（参考）全高卒者	1,136,000人	592,000人	52.1%	246,000人	21.7%

措置延長の状況（予定を含む）

4月1日から6か月未満	20歳に到達するまで	その他
99人	118人	107人

＊28資料より

図表1-20｜児童養護施設出身者の進学·就職状況の年次推移（平成21～29年）

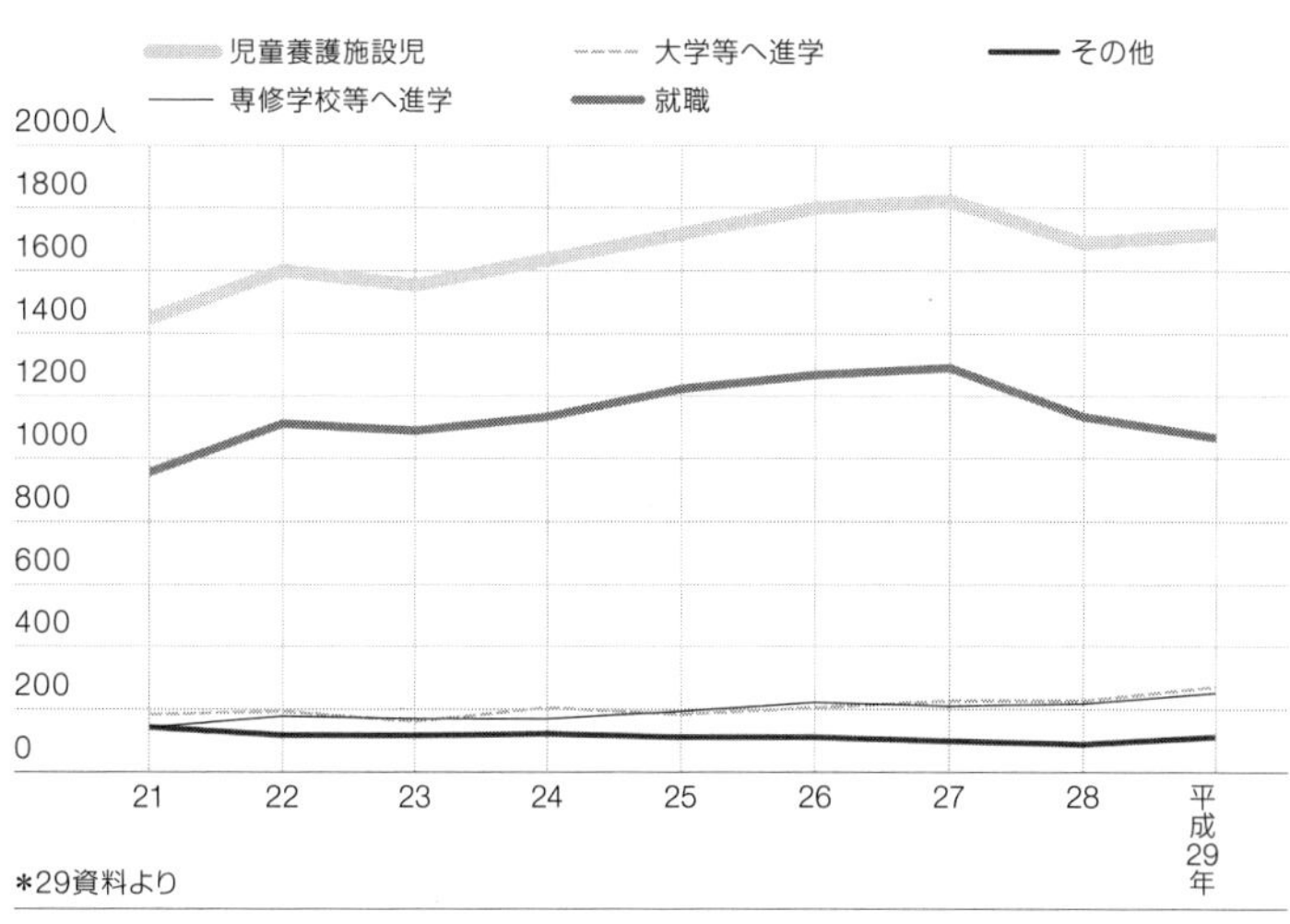

＊29資料より

社会福祉協議会が運営している「児童養護施設退所者等に対する自立支援資金」では、就職や進学または資格取得を希望する児童擁護施設の退所者などに必要な資金を無利子で貸してくれます。家賃や生活費の貸付は就職後5年間、資格取得の貸付は就職後2年間、引き続き就業した場合は、貸付金の返還が免除されます。

また、大学や民間団体も、児童養護施設退所者などを対象にした独自の奨学金を設けており、入学金や授業料の減免、奨学金などが受けられる場合があります。

もっとも、進学後の経済的な心配がなくなっても、受験勉強を始める時点でハンデがあります。一般家庭の子どもなら問題集を購入したり、予備校に通って模試を受けることもできるでしょう。しかし、施設で暮らす子には、そうした教育投資が一般家庭より不足しがちです。

合格できても、大学の教材費は高いですし、就職や社交のための服飾代やメイク代など、細かい出費もかさみます。こうした現実に直面する当事者の子どもたちは、自分が大学へ進学する意味や価値を見積もりにくくなってしまいます。

親から虐待された子どもは、「おまえにはどうせ無理」「何をやってもダメだ」という親の言葉に長年さらされてきました。おかげで「自分は幸せな人生を歩んでいい」という自信は持ちにくくなり、努力を動機づけられることが難しいため、仕方なく進学をあきらめ、就職を選んでしまい、高卒の所得に甘んじる人生が始まってしまうのです。

また、児童養護施設出身者には、中卒や高校中退者も一般家庭より多いため、貧困化も懸念され、やがて結婚・出産する頃に虐待の再演をしてしまうのではと心配する向きもあります。

子どもを保護した以上、彼らの進学費や退所後の生活費のすべてを未成年のうちは国費で守り抜くという制度がない限り、虐待されなかった多くの子どもと同等に学べる権利を保障されたことにはなりません。

心身ともに安全なら、学ぶ権利までは保障しない。それがこの国の児童養護の実態であり、「養育者の所得格差」と「虐待格差」による子ども差別です。

国費による出費ができないなら、せめて児童養護施設や里親などと同じ都道府県内にある予備校の講師や大学生にボランティアによる個人指導をお願いしたり、そうした活動を児相が表彰する仕組みがあってもいいでしょう。

講師料や受験料などを寄付やクラウドファンディングでまかなう事業を、児相の方から地元のNPOにお願いすることもできるはず。予算内でしか事業ができないことは児相職員も十分理解しているのですから、行政の側から民間にもっと連携を求めてほしいです。高校生が同じ施設の小中学生に勉強を教えれば、国から賃金を得られるという仕組みを作ってもいいはずです。

また、地方には、車で移動しない限り、手続きがサクサクと進まないところもあります。

進学や賃貸契約には、車の購入費や駐車場代などまで細やかな支援が必要なはずです。そうした心遣いも含め、虐待されても損をしない人生のために、虐待されなかった子どもよりもはるかに手厚いケアと支援が必要なのではないでしょうか？

保証人を施設長にしても、就職や賃貸契約は困難

一方、高卒後（＝施設退所後）の18歳で就職したくても、親権者の同意が得られず、身元保証人も得られないために、賃貸アパートを借りられなかったり、正社員にもなりにくい子どももいます。

そこで、厚労省は「身元保証人確保対策事業実施要綱」を定め、平成19年（２００７年）から実施しました。退所する子どもが就職やアパートなどを賃借する際、児相所長や各施設長などが身元保証人となった場合の損害保険契約を全国社会福祉協議会が契約者として締結することで、身元保証人を確保する仕組みです。[*30]

しかし、この仕組みが始まって10年以上が経過しているのに、知っている一般市民はほとんどいません。厚労省が周知徹底に失敗しているからです。なので、就職するために履歴書の「続柄」のところに「施設長」と書いても、雇う側の理解を得られず、親族を書いた人の方が優先的に採用される現実があります。

これはアパートの賃貸契約や携帯電話の購入契約でも同様のため、親権者の同意がないと法律行為が行えない未成年者は、不自由と孤独を感じざるを得ません。

もちろん、民法改正で成年年齢は２０２２年４月から20歳から18歳に引き下げられます。しかし、施設を18歳で退所すると相談相手がいなくなるという課題は残ります。

暮らしていた施設に「卒園生です。知り合いの職員に相談したい」と連絡しても個人情報を盾に断られたり、一緒に暮らしていた仲間と連絡を取ろうとしても連絡先がわからず、頼れる相談相手もなく、失業や人間関係のトラブル、虐待の後遺症などで生活が破綻することも珍しくありません。

施設出身者には、自殺する人もいれば、出産した子どもを自分がかつて暮らしていた施設に預ける人もいます。

平成31年（2019年）2月、東京都渋谷区の児童養護施設「若草寮」の男性施設長（当時46歳）が、3年間ほどこの施設で暮らしていた男性（23歳）に刃物で刺されて死亡しました。加害男性は高校を卒業して施設を退所した後、家賃滞納でアパートを退去させられ、事件直前までインターネットカフェなどにいたと報道されました。

こうした悲劇は、施設退所後の生活に備える準備教育が施設にいるうちに十分にできていなかったことの結果です。

日本でふつうの暮らしをしようと思えば、家賃を含めて月に15～20万円ほどのお金が必要なことや、生活費の明細、税申告の方法、信頼できる友人の作り方、困った時の相談機関など、生きていくために最低限度必要な知識や知恵を具体的に学べるチャンスが、どんな子どもにも必要です。

しかし、「施設では一般家庭より豊かに社会の中で生きていける知識や知恵を教えなければならない子どもたちを養育している」という意識が、制度設計を担う官僚や、官僚が招いた有識者たちに足りていません。

大人側に思慮が足りないために、施設出身者には頼れる大人もなく、悪い人にだまされたり、法を知らないまま法を犯すなど、割を食う人が後を絶たないのです。

親元で暮らせなかったのは自分のせいではないのに、大学に進学したくてもなかなか行けない。それどころか、退所後は施設で仲良くなった友人たちとバラバラになり、心細くなりながらも住所と仕事を得るために孤軍奮闘を強いられる。

施設で暮らすと、このように理不尽に将来設計の選択肢や生きていける希望を奪われてしまう子どももいるのです。だから、絶望に耐えきれず、施設から脱走する子どもも珍しくありません。今日では学校で友達のスマホを借りて、私へメールで「施設の外で生きる方法を教えて」と相談してくる子どももいます。

しかし、現行法の中で合法的な解決方法を求めようとすれば、彼らに対して大人はほとんど何もできません。親権者もしくは親権を代行する児相以外の人には、子どもを保護する法的権限がないからです。

親に虐待され、社会的養護を受ければ、職員や里親、施設内の子どもなどに虐待されるリスクを負う。それでも、そこ以外に暮らせる見込みが薄い。もう、どこにも避難できない……。新型コロナウイルスの感染が拡大しようが、大津波に施設が飲み込まれようが、家に帰れない子どもには施設以外の生活拠点を選ぶ権利がないのです。

こんな状況は、「保護」や「支援」「ケア」という美名の下で子どもを「管理」し、「支配」しているようにしか見えません。施設内の子どもの声はなかなか表に出されないので、私が施設で暮らしている少年から聞いた言葉をそのまま伝えます。

「『虐待はいけません』なんて言ってるヒマがあったら、親の方を家から出して施設に入れてよ。虐待は犯罪でしょ。それなら、加害者の親が刑務所に行くのがふつうでしょ。こっちは被害者なのに、家の近所の友達から離されて施設に行かされるし、施設にいれば職員に虐待されるんだぜ。わかってんの？」

日本の児童養護の歴史の延長線上に、被虐待児が救われる環境を期待することは極めて困難。それがハッキリしてきたからこそ、「親にさんざん虐待された子どものほんの一部だけを保護する」という方針を考え直す必要に迫られていると思うのです。

むしろ、「そもそも親に子どもが虐待されない仕組みを作る」という方針に転換し、子どもが希望すれば、虐待した親を矯正施設へ保護し、被害者の子どもが家で生活を続けても困らない制度を作る頃合いではありませんか？

この抜本的な方針転換を進めるには、これまで虐待防止になるはずだと妄信してきた社会的養護の仕組みや実態を疑い、失敗を潔く認める覚悟が、大人に問われます。不都合な現実を直視し、「虐待とは何か」について改めて学び直す必要があるのです。

第2章

子ども虐待防止に立ちふさがる壁

子どもを一方的に「奴隷化」する親権

第1章で詳述したとおり、児童養護の施設や職員をいくら増やしても、予算増とのいたちごっこになるだけで、親に子どもを虐待させない仕組みにはなりませんでした。

日本では毎日1人の割合で15歳未満の子どもが虐待死で亡くなっていると推計され、児童相談所は虐待相談された件数の8割以上を保護していません。

しかも、親権停止などを家裁に請求できる権利を子ども本人は持っているのに、それを誰からも教えてもらえず、親権制限事件は全国で年間400件ほど（欧米と比べて1％未満）。

それどころか、施設の職員や里親などに虐待される子どももいます。そんな苦しみに耐え抜いて勉強しても、大学進学率は一般の3分の1に激減。退所後も就職や賃貸契約はなかなか困難で、相談相手も欠き、生きづらさに耐えかねて自殺する人も……。

親に虐待された後、その先にどんな人生が待っているかを考えれば、これまでの子ども虐待防止策はとても成功しているとはいえません。

では、具体的に何を改めたら、有効な虐待防止策へ変えていけるのでしょうか？

虐待防止策が更新されないままなのは、親権制度が親に虐待を動機づけている現実を、政治家も含め、ほとんどの国民が知らないからです。

親権とは、未成年者の子どもを監護・養育し、その財産を管理し、その子どもの代理人として法律行為をする権利や義務。親権者には、子どもに対して財産管理権と身上監護権を果たす義務があります。

財産管理権とは、子どもの財産を管理し、子どもの法律行為に対して同意する権利。

身上監護権とは、子どもが法律行為を行う際の同意・代理権、子どもの居所を指定する権利、子どもに対して懲戒・しつけをする権利、子どもの職業を許可する権利のこと。

この親権を子ども視点で読み直すと、次のようになります。

子どもが「お小遣いを貯金したい」と思っても、親に「預かっておくから」と言われれば、全額を差し出さなければなりません。「じゃあ、バイトしてお金を貯めよう」と思っても、雇用契約の際に勤務希望先に親が同意書を書いて許可しなければ、未成年者は働けません。

「それなら稼げる知識が身につく学校に進学しよう」と思っても、進学費を払う親から「べつの学校にしろ」と命じられたら、断れません。「もう友達の家に家出する」と決意しても、その友達の家に親が来て「うちの子を帰さないと警察に訴えます」と言えば、友達の親は未成年者略取（誘拐罪）の被疑者として警察に逮捕されるおそれがあります。

そこで、「仕方ない。稼げる職種に挑戦しよう」と頭を切り替えても、親が「その職種はダメ」と言えば、子どもは自分が希望する職種に就職できず、その職に就くための教育投資もされません。

親権とは、子どもを黙らせて一方的に従わせる制度なのです。

もちろん、親権には、社会的に未熟な子どもを保護して、子どもの精神的・肉体的な成長を図っていかなければならないという責任の側面もあります。しかし、それはすべての親が「良心」を持って親権を行使できることが前提です。

子どもの発達年齢に応じて適切に親権を行使するなんて、どんな親でもできることでしょうか？

親権の法的な義務をすべて理解したうえで子どもを育てている親がどれほどいるでしょうか？

日本の子どもは、「成年に達しない者は、父母の親権に服する」という民法の規定（第818条第1項）によって、親の命令に従うことが強いられています。そのため、子どもは自分自身に関することでも、親と対等に交渉する権利を奪われているのです。

自分の金銭管理も、居場所も、進学先も、職業も、自分で選べる権利はなく、誰かにただ従うことだけが許される存在。そんな存在は、世界中どこでも「奴隷」と呼ばれます。

その証拠に、日本の子どもは長らく売買の対象でした。

世界中で大ヒットしたＮＨＫのドラマ「おしん」は明治の頃に親に奉公に出された子どもの話。アニメ映画化されて大ヒットしたマンガ『この世界の片隅に』で主人公が迷い込む遊郭で出会う女性も、親に売られてきた娘。これらはみな史実に基づくものです。

２０１６年に北海道大学で開催された日本教育学会の分科会で、教育社会学者の加藤美帆さん（東京外国語大学）はこんな発表をしました。[*1]

「前借金をした親が子どもを労働力として提供し、子どもが無償かきわめて低賃金で労働が強制されるという慣習は、戦後間もない時期に広くみられた。当時は子どもの取引を問題ととらえる認識が必ずしも共有されていなかった。買った側の農家からは、可哀想なので連れてきた、家族と同じ待遇をしている、といった説明がなされ、篤志家（社会奉仕・慈善事業などを熱心に実行・支援する人）として扱われることもあった。

また、児童福祉法が施行された１９４７年の翌年に確立した里親制度は、里子として登録すれば人身売買にならないと、地方の児童課から紹介されることもあった。法学者の川島武宜が『奴隷制の一形態としての養子』として『労働力の無期限的取得』が目的である養子を批判しているが、こうした主張は社会に浸透していなかった。

1948年12月3日の毎日新聞の『子供を売歩く男』という記事の報道以後、"Child Selling"（児童売買）、"Child Slavery"（児童の奴隷制）といった表現がGHQの覚書に用いられ、日本側の問題の認識の曖昧さが非難の対象にもなっていた」（一部を引用）

戦後も子どもを苦しめ続ける「家父長制」の文化

日本の子どもは、21世紀も今も人間としての権利や自由を法律で認められておらず、親権者もしくは国家の所有物として扱われています。

2011年の東日本大震災では、宮城県の石巻市立大川小学校では、在学中の児童の3分の2にあたる74名が大津波で死亡・行方不明の犠牲者になりました。子どもは、有事の際も学校の判断と先生の引率に従うことしか許されなかったからです。

どんな危険な状況でも、自主的に避難する権利は子どもにありません。たとえ父親にレイプされ、妊娠・中絶をくり返しても、家出すれば「非行」と後ろ指をさされ、虐待の被害を伝えない限り、警察に補導され、虐待する親元へ帰されてしまいます。

運良く児相に保護され、児童養護施設で暮らすことになっても、施設がウイルスのクラスター（集団感染）発生の場所になれば、外へ自由に避難する権利もないので施設内に留め置かれ、高まる感染の危険におびえることしかできません。

日本国憲法第32条には、「何人も、裁判所において裁判を受ける権利を奪はれない」と明記されています。しかし、平成23年（2011年）に民法を改正するまで、子ども本人が親権喪失などの裁判を家庭裁判所へ請求できる権利は認められず、憲法違反が続いていました。

統治権力（国家）に対する国民からの命令である憲法には、こう書かれています。

▼すべて国民は、個人として尊重される。生命、自由及び幸福追求に対する国民の権利については、公共の福祉に反しない限り、立法その他の国政の上で、最大の尊重を必要とする（第13条）

▼すべて国民は、法の下に平等であって、人種、信条、性別、社会的身分又は門地により、政治的、経済的又は社会的関係において、差別されない（第14条）

憲法が施行されたのは、昭和22年（1947年）。国は64年間も子どもの権利だけを認めず、今も法制度上、子どもを親権者もしくは国家の奴隷として位置づけ、子ども差別を平然と続けているのです。

この子ども差別は、あまりにも当たり前になされています。子どもの権利や命、身分を大事にするという文化（価値基準）が、この国には歴史的にないからです。その証拠を端的に表しているのが、明治時代の民法に規定された家父長制です。

家父長制では、人はすべて家に属し、家の統率者である戸主に従わなくてはなりませんでした。

明治時代は、祖父母・父母・子どもの三世代同居が当たり前。戸主は祖父であり、祖父の戸主権を継ぐのは祖父が自分の嫁に産ませた長男だけでした。

そして、戸主だけに家督（家の資産と戸主権）を相続する権利や、家族すべての居所を指定する権利（居所指定権）、家族員の婚姻、養子縁組、入家・去家、他家相続、分家などの行為に対する同意権、戸主の居所指定に従わない家族や婚姻・縁組について戸主の同意を得ない家族を離籍できる権利が認められていたのです。

逆にいえば、戸主以外の家族には人権が認められておらず、次男、三男はもちろん、姉・妹・妻・母・祖母・孫にも人権は保障されませんでした。

なので、祖父もしくは祖父の長男（父）の絶対王政のような家で、一番若い孫（子ども）は大人にただ従うことしか許されなかったのです（※家父長制では、家長＝戸主を家の中の天皇のような存在として一方的に尊敬させていました）。

戸主以外の家族には何の権利もないので、彼らは戸主に虐待され放題でした。同居する女たちは戸主にいくらでも変態的な行為を強いられ、男たちも戸主の機嫌次第で暴力を振るわれ、人生を振り回されていました。

それでも、法律で権利の独占を守られている戸主には逆らえないので、戸主に対する不満が高まれば、そのストレスは一番弱い存在である孫に向けられました。

多くの大人がそういう不当な制度に対してガマンしながら受け入れていたので、家の存続のために子どもを売りに出すことに大してためらいがなく、「子どもの取引を問題ととらえる認識が必ずしも共有されていなかった」のです。

大人は自分のガマンに居直り、子どもにガマンを強いたので、その子どもが大人になれば、自分の子どもにもガマンを強いました。「俺もオヤジ（戸主）や制度にガマンさせられたんだからオマエもガマンしろ」というわけ。

支配されていた人が支配者になるこの人間関係は、今でも先生と生徒や部活動における先輩・後輩の関係、会社での上司・部下の関係に色濃く残っています。

昭和20年（1945年）に第二次世界大戦で日本が負けた後、日本国憲法には男女平等と個人の尊重を基礎とした家族が明文化され、民法改正によって戸主権が否定され、家父長制は廃止されました。なのに、家父長制は文化としては社会に残り、今日までずっと日本人の心を縛っているのです。

家父長制の文化による「強者が弱者を支配する作法」は、虐待の世代間連鎖を温存し、虐待を減らせない一因となっています。

家父長制は、家主がひとりよがりに自分以外の家族の言動に干渉してよいとする文化ですから、「子どものためによかれと思って」子どもの気持ちを聞かずに勝手に子どもの進路を決めることに何の疑問も感じない親は今でも少なからずいます。

支配の作法は、家の中だけでなく、社会に広く浸透しています。

たとえば、医者が患者より知識のある医療側の立場だけを考えて一方的に治療方針を決めることは、いまだに多くの治療現場で見られます。

「結婚や出産の後は退職して家事・育児に専念できるのが女性の幸せ」という理由で、上司が自主的な退社を女性社員に促したり、「出産後は大変そうだから」という理由で出産前と同じ責任のある仕事をさせないのも、家父長制の亡霊でしょう。

性別分業、性別役割による家族内での男性支配、DVは問題視されてはいますが、子ども虐待に対する大人の関心は戦前と同じように薄いまま。その結果、虐待防止策が30年以上も失敗し続けても、学者や官僚、政治家は失敗と認めず、失策を国民に責められることなく仕事を続けていられるのです。

憲法が男女平等を保障しても、夫婦円満の家族を営む幸せは、子どもだけを犠牲にして成り立つものにすぎません。

憲法には「個人として尊重」「社会的身分で差別されない」と明記されているのに、あなた自身が誰かに「従わなければならない存在」と民法で明記されていたら、納得できますか?

日本の子どもは「安全に育てられる権利が守られる」存在ではなく、「親権に服す」存在のまま。この親権制度は、憲法に違反し続けているのです。

核家族が多数派の今日、民法は制度疲労

三世代同居の時代なら、働き手から引退した祖父母が孫を育てていました。しかし、戦後は高度経済成長によって核家族が増え、親が直接子どもを育てることになり、民法も改正され、子どもは「戸主の奴隷」から「親権者の奴隷」になりました。

戦争が終わるまで、子どもは「少国民」（天皇陛下に仕える小さな皇国民）と呼ばれ、「天皇につらなる戸主に逆らう子どもは大事にしなくていい」という家父長制の時代でした。だから、終戦後の憲法改正の際、子どもを親と同等に大事にするという発想は大人にありませんでした。

それどころか、民主主義がすべての国民を対等な主権者として位置づける思想であることも、人々はあまりよく理解できていませんでした。

主権者とは、ただ選挙権（参政権）だけを平等に与えられる存在ではありません。今日でも、何か困ったことがあると真っ先に政治家に陳情する市民がいます。しかし、主権者とはみんなが困っている課題を真っ先に解決する権利を行使できる存在です。

自分たち市民が真っ先に課題解決の担い手になり、それがどうしても無理な場合に政治家に対して「おまえに税金を払って私の代わりに仕事をさせてやるから、おまえが解決しろ」と迫るのが本筋です。それが、「社会の仕組みは私たち主権者自身が作る」という権利意識と誇りに基づく主権者マインドであり、この主権者マインドなしに民主主義社会は成立しません。

それなのに、戦後も子どもを親に従う存在として法律に明記し、学校でも児童・生徒を根拠法もなく不当に不自由にする校則で縛り上げ、大人との交渉権すら子どもに与えませんでした。それゆえに、戦後75年が経っても主権者マインドは国民の間で養われず、「親の教えや校則には黙って従うもの」という構えを疑う方が少数派です。

イギリスやフランスでの革命の歴史を見ればわかるように、王様の横暴に苦しめられ、耐えきれなくなった民衆が王様の首をはね、統治権力を王様から民衆（議会）へ移した時から民主主義は始まっています。

日本では、王殺しではなく、敗戦を機に占領軍のアメリカによって民主主義が憲法に位置づけられたため、今日でも国民の間で主権者マインドが乏しいまま。自分たちの選んだ政治家がおかしい法律を作っても、自分がその人を選んだ責任を自問することがなく、戦前と同じように法律より周囲の空気を読んで従う作法を続けています。

しかし、空気による支配に従っていれば、責任者が曖昧になり、みんなが自分の投票の責任を回避し、誰も罪悪感を覚えないので、いつまでも政治を自然現象のように認識するばかり。これでは、親による虐待で殺された子どもたちは浮かばれません（ただし、1990年代生まれ以後の若い世代では変わりつつあります。拙著『よのなかを変える技術 14歳からのソーシャルデザイン入門』をお読みください）。

他方、民主主義をよく理解しているアメリカ人は、政治が行き詰まれば、民間の仕事（ビジネス）を通じて民主的な社会変革を試みます。実際、彼らはパソコンやスマホを開発・流通させることによって、「政府や大学、大企業などの金持ちだけが大型コンピュータを使って情報を独占できる」という古い社会の仕組みから人々を解放しました。

日本では、「主権は国民にある」と憲法に明記されたのに、選挙権を行使することだけが主権者の権利であり、政治参加でしか社会の仕組みを変えられないという勘違いを、多くの国民が続けています。

「自分がこの社会をもっと暮らしやすい場所へ変えていい権利を持っている」という主権者マインドが乏しいのも、「社会の仕組みは誰か強い立場の人に任せておけばいい。私なんて……」と考えさせてきた家父長制の亡霊です。

しかし、大人がそのように自己評価が低いままでは、権利主体としてみなされていない子どもは、自分が大事にされるかどうかを、親の良心にゆだねるしかありません。

子どもにとっての戦後は、自分を支配する相手が戸主から親権者に変わっただけ。しかも、子どもを虐待する親権者が家裁で親権を制限されても、子どもは国家（法律）から「保護」という名の支配・管理を受けます。

その現実は、国の法律に基づいて運営される社会的養護の現場で、施設の職員や里親などが続けている虐待に現れています。親や国の良心を信じるしか自分の身の安全を守れない境遇を、日本の子どもは強いられているのです。

民主主義社会は、すべての人が対等に交渉し合える権利を担保されていなければ、成立しません。日本の子どもは、参政権の価値も義務教育で十分に学べないまま、親や学校と対等に交渉する権利すら法的に保障されていません。

そんな環境で、自分の権利を主張したり、勤務先の上司や市長など「自分より強い立場の相手」と対等な交渉を当たり前にできる大人に成長できるでしょうか?

こうした深刻すぎる事態を直視するなら、民法が時代状況の変化に追いつけず、制度疲労を起こしていることに気づけるはずです。

今日では、親が子どもを育てる核家族の世帯が過半数。[*2]〔図表2-01〕

祖父母や親戚の家から遠い場所に住んでいる人も多く、子育ての全責任を父母2人だけで果たさなければなりません。しかも、父親の稼ぎだけで子どもの教育費を負担できる世帯は珍しいので、両親は共働きが当たり前。すると、仕事と子育ての両立が大変になります。

そこで、子育ての責任を果たそうとすれば、ストレスがたまります。そもそも、子どもの権利や命、身分を守る文化がない社会で、両親のストレスがたまれば、そのうっぷん晴らしは弱い立場の子どもへ向けられます。こうした悪しき文化を早く変えるには、法制度を変えるのが一番。

1980年代まで、女性は勤務先で男性に尻を触られ、結婚を急がされるなどのセクハラ被害に日常的に遭っていました。

しかし、男女雇用機会均等法の改正などを通じて、「セクハラ」や「パワハラ」という言葉が社会全体に定着し、被害者が相談しやすい環境が整えられ、今日では男性が平然と女性のお尻を触るような光景は激減し、悪しき文化を変えつつあります。

もっとも、子どもは、虐待されても被害を嫌がる声を上げることができません。誰かに相談して

図表2-01｜世帯構造別にみた世帯数の構成割合の年次推移

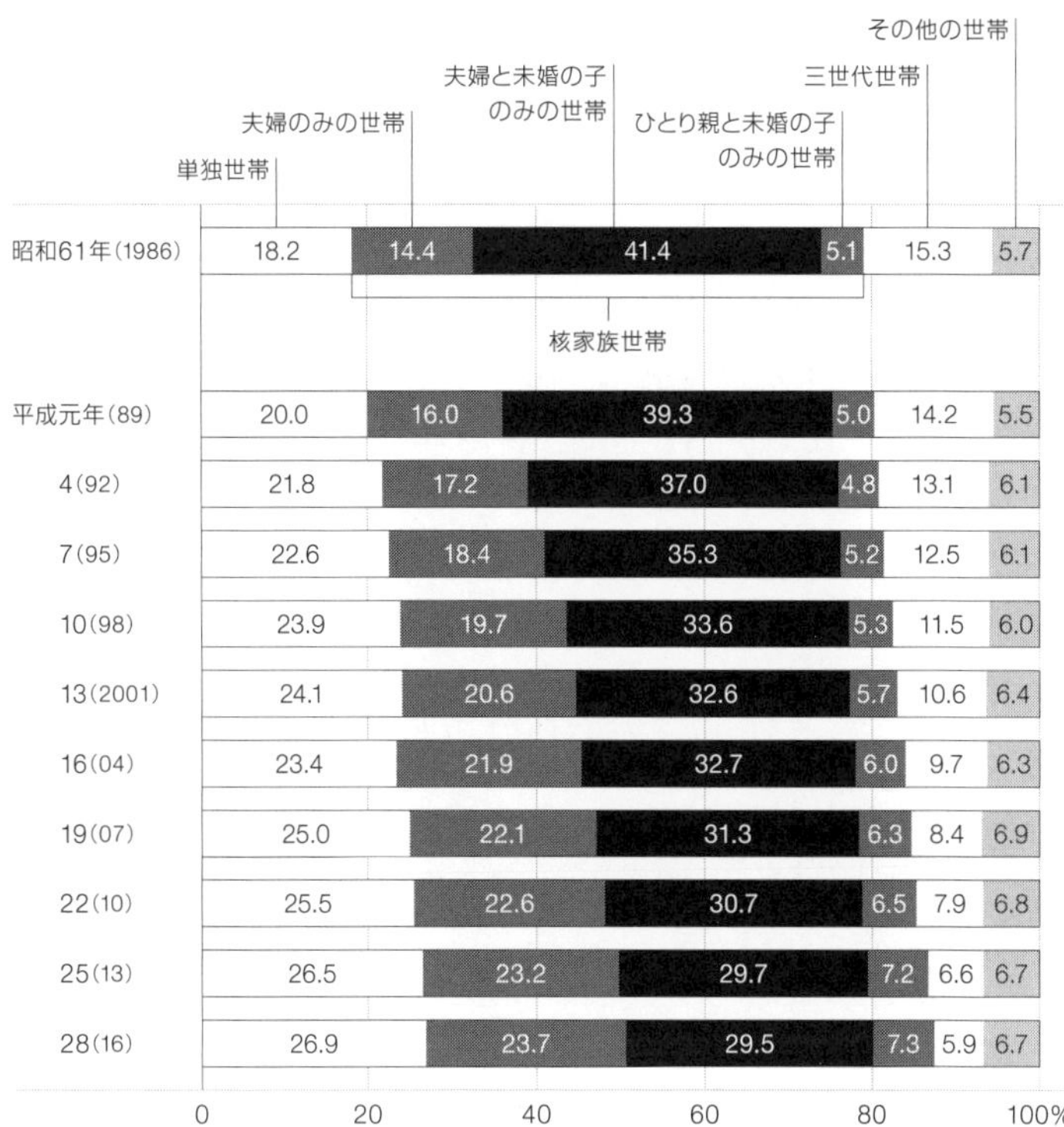

*2資料より

虐待が表沙汰になれば、そのうわさは毎日同じ家に住んでいる親の耳に入り、さらにひどい虐待を受ける不安が大きいからです。

児相に相談しても、相談件数の8割以上が保護されていない現実を思い知るだけで、助けてもらえる希望は持てません。未成年者には参政権もないので、法律改正に自ら動くこともできません。だからこそ、親権という重い責任を父母2人だけに独占させている民法を変えることが、虐待防止策の抜本的な方針転換のポイントになるのです。

親子間で対等に交渉し合える文化がない以上、有効な虐待防止策を作るつもりなら、子どもを「安全に育てられる権利の主体者」として位置づけ、子ども自身が産み育ての親以外の人を親権者に自由に指名できる仕組みを作り出す必要があるでしょう。

親権フリー＆シェア制度へ動き出そう

虐待されている子どもを発見しても、日本の法律上、保護できる権利を持っているのは児相などの役所と親権者の父母だけ。その他の一般市民が保護・養育を始めれば、「子どもを虐待から守った英雄」にはなれず、「誘拐犯」になりかねません。

そこで、誰もが安心して被虐待児を救えるようにするには、誰もが親権者になれる制度へ変える必要があります。これを私は、「親権フリー」と名付けました。

子どもを産めば、どんな人でも無条件かつ自動的に親権者になれるのですから、産まなくても親権者になってもいいはず。たとえば、役所内に「親権者バンク」を作って誰でも登録できるようにし、登録リストから子ども自身がオーディションをして親権者を選んだり、信頼できる大人を指名して親権者バンクに入ってもらうのはどうでしょうか。

新たな親権者になるのは、通学先の教師や塾教師、親友のお母さん、地域にある子育てNPOのような法人でもいいでしょう。

親が一方的に育てる権利を行使して子どもを支配・管理する現行の親権制度ではなく、子ども自身が「安全に育てられる権利」を行使して親権者と対等に交渉できる制度へ変えるのです。

また、親権者を父母以外に何人も増やせれば、養育や教育にかかるお金・時間・労力のコスト負担を分担し合えます。これを私は、「親権シェア」と名付けました。3人、4人と親権者が増えれば、親権者1人あたりのコストが3分の1、4分の1に減るため、仕事と子育ての両立がしやすくなります。

この新制度を作れば、子どもはより安心できる親権者の家を生活拠点に選べるため、虐待されるリスクを最小化でき、虐待・貧困・少子化という三つの社会的課題を同時に解決できます。

もちろん、この制度を国の法律として実現するには、時間をかけた丁寧な議論が必要です。

親権者に良心がなければ子どもはいくらでも虐待されるという深刻な現実に「しょせん、有権者ではない子どもの話だ」と勘違いして関心を持たない政治家は多く、子どもを権利や意思のない人形やペットのような存在にしておいた方が育てやすいと考える国民も多いからです。

それでも、自治体は実質的な「親権フリー&シェア」へ前進させる条例を作れるはず。LGBTのパートナーシップ条例が「みなし夫婦」を認めるのと同様に、被虐待児を保護したい大人と子どもとの間に「みなし親子」を自治体が承認すればいいのです。

「親権フリー&シェア」を国の法律にするには、親権者に対する扶養・介護の義務や相続権など、クリアしなければならない問題があります。

その前に自治体で、一般市民が被虐待児を保護する際は児相に申告するだけで一時的な「民間緊急保護者」として認められ、一定期間だけ保護・養育の事業を委託されるという条例を作れば、親権者になるわけではないので現行法と抵触しません。

あくまでも一時的な措置として、親権者以外の家に子どもを避難させる事業を児相が委託した形にすればいいのです。そして、同じ子どもの「民間緊急保護者」を子どもの指名次第で何人でも選択・追加・排除できる制度にしておけば、子育てを助け合えるだけでなく、年齢に応じて子どもの生活拠点を変えられます。

たとえば、進学費を払えない人が、払える「民間緊急保護者」へ子どもを預けることもできるようになります。

最初の「民間緊急保護者」への委託期間を3か月間から半年程度に設定しておけば、その間に子ども本人（あるいは未成年後見人）が親権を制限する審判を家裁に請求でき、親権停止や親権喪失を勝ち取れるチャンスが生まれます。

親権者があまりにも横暴なら、親権喪失後に「民間緊急保護者」が特別養子縁組や里親の関係になるか、児相もしくは家裁が親権者を見て「反省を期待できない」と判断したなら、委託期間を17歳まで何度でも延長できるようにしておけば、子どもの「安全に養育される権利」は守られ、被虐待児を保護した人は逮捕されるのを免れます。

子どもが成人年齢に達すれば、親権から解放されますから、親権者から虐待される恐怖を感じずにすみます。だからこそ、こうした条例を全国の自治体が続々と採用すれば、国も親権に子どもを従わせる民法を改正したり、虐待防止の方針転換に動かざるを得なくなります。

ただし、その変化をただ待っていれば、その間、被虐待児はずっと心身や命の危険を負い続けます。なので、まずはあなたの住む市や県の議員にこの本を提供し、「民間緊急保護者」を公募する条例の成立を急いでほしいです。

一時保護施設や児童養護施設などのハコモノは、議会で莫大な建設費の予算がつかない以上、新たに増やすことは難しく、里親を急増させることも無理。しかも、施設職員や里親などによる虐待が一般家庭より高い発生率で起きている以上、民間人に保護・養育を委託できる条例を作る正当性は十分にあります。

平成30年（2018年）4月1日時点で児相の業務の一部を民間団体などへ委託している都道府県・指定都市・児相設置市は約61％もありました。最も多く委託している業務は「里親委託に関する業務」で、約22％もありました。[*3]

民間へ事業委託をしなければ、児相の業務は立ち行かなくなっています。実情に見合うだけの施設や職員の新設予算が議会で容易につけられない以上、行政が業務を抱え込む発想をやめ、民間人による保護・養育の敷居を下げるのが合理的です。

制度設計を担う官僚は、仕事で虐待防止の成果を出せなくても、クビにはなりません。なので、成果の出せない法案を平気で作ります。この状況を変えるには、政治家が虐待防止の成果を十分に得られるだけの法改正をしなければなりません。

そして、政治家に虐待の深刻さや新しい方針の虐待防止策を伝え、法改正をさせることができるのは、子どもではなく、私たち有権者の大人だけなのです。

「安全に育てられる権利」から、親子関係を見直す

「親権フリー＆シェア制度」を国の法律で実現する際には、子どもに親権者を選択・追加・排除できる権利を保障する必要があります。

子どもが親権者を選択・追加・排除できるようにすれば、不安と恐怖しか与えない親権者から自由に避難できます。親が子どもを虐待したくなっても、実質的にできなくなります。子どもに安心を与えながら育てられる方法を学ばず、子どもが切実に嫌がる方法で「しつけ」を続け、不当なガ

マンを子どもに強いてきた親を淘汰できるのです。

そこまでの権利を子どもに与えるのは、複数の親権者たちの間で子育てに関する意見が異なった時に、「子どもを健全に育成するため」という理念を分かち合い、冷静な話し合いができる人だけを、子どもが取捨選択して確保できるようにするためです。

児童福祉法には、こう明記されています。

第1条　全て児童は、児童の権利に関する条約の精神にのっとり、適切に養育されること、その生活を保障されること、愛され、保護されること、その心身の健やかな成長及び発達並びにその自立が図られることその他の福祉を等しく保障される権利を有する。

第2条　全て国民は、児童が良好な環境において生まれ、かつ、社会のあらゆる分野において、児童の年齢及び発達の程度に応じて、その意見が尊重され、その最善の利益が優先して考慮され、心身ともに健やかに育成されるよう努めなければならない。

「安全に育てられる権利」が現行法でも子どもに保障されている以上、親権者どうしの醜い言い争いを子どもが見ることは心理的虐待に相当します。なので、そういう争いに巻き込まれた子どもに、不安や恐怖を与える人を親権者から排除できる権利を持たせるのは自衛手段として不可欠です。

虐待事案をいちいち家裁に親権制限事件として請求する制度のままでは、審判を待つ間に子どもの心身は「良心のない親権者」によって深く傷つけられるのですから。

こうした事情から、子どもが家裁に「この人を親権者から外したい」と訴えるだけで、審判なしに受理されてもいいのではないでしょうか?

もちろん、「子どもは判断能力が乏しい」と批判する人もいます。しかし、子どもの判断能力を親と同等にまで引き上げる責任は、親権者自身が果たすこと。子どもが判断能力を欠いているなら、その不足分を埋め合わせるのが子育てを担当する人の責任なのです。

なので、「この子にはまだ十分な責任能力がない」と親権者が言うなら、その人自身が「自分は親権者としての責任をまだ十分に果たしてない」と認めたようなもの。子どもが成長や発達の具合を理由に権利を奪われたままでいることを正当化できる根拠は、どこにもありません。

現実に、親権者が果たすべき責任が何かもわからず、自分の不安を子どものせいにしたがる親は珍しくありません。その構えこそ、子どもに対する大人の甘え。そういう大人は虐待をしつけだと言い張り、平然と子どもを支配したがるでしょう。

子ども自身に責任が取れる能力を養い、その結果として子どもの権利や自由を拡張していくことが、子育てという役割。子どもの責任能力の範囲を広げられるように育てるという責任を大人が果たすことこそ、子どもの権利を守ることなのです。

毎日のごはんや恥ずかしくない服、安全な生活拠点を提供するのは、国が親権者に命じた義務ですから、その義務をがんばって果たしたからといって、その見返りとして子どもに感謝や慰安を求めるのはおかしいです。

親の役割は、いつ親がいなくなっても困らないように子どもを育て上げること。その役割を終えれば、親は必要なくなります。逆にいえば、親権者は子どもが成人になるまでの間に経済的に自立できるだけの教育機会を提供しなくてはならないのです。

親権こそが子ども虐待を動機づける

親が役割と責任を果たさなければ、子どもは成人になってもまともな仕事に就けなかったり、労働意欲を失ったり、稼ぐ技術もないまま苦しい一生を運命づけられてしまいます。

それでも、子どもが成人すれば、親権者には子どもを従わせる法的根拠がなくなりますから、どれだけ無責任な子育てをしても、親権者は子どもの将来に責任を問われることはありません。

「公務員なら親方日の丸で安心よ」と言い、公務員しか子どもの職業選択を認めない親もいますが、公務員の退職者が増える時代に変わり、民間への再就職が難しくなっても、子どもが先行き不安で自殺を思いつめるほど苦しもうとも、民法の第823条に守られた職業許可権を行使した親権者は、罪を問われることはないのです。

木許はるみさんという記者は、こんな指摘をしています。

「人事院によると、メンタルヘルスを理由に1カ月以上休職している国家公務員は全職員の1・

26%、厚生労働省による全産業の調査と比較すると、休職者の割合は約3倍」[*4]。

子どものためにこうした統計をちゃんと学ぼうとすれば、最初の勤務先を公務員にすることは、長い目で見ると危険だとわかります。子どものために親権を「良心」的に行使したい人なら、子どもが公務員を嫌がれば、あきらめてくれます。

しかし、教育投資ができる資産・所得・立場を背景に、子どもの希望など聞かず、自分の就かせたい職業を子どもに強制する「良心を欠いた親権者」も少なからずいます。

リタイヤまで50年以上にわたる時代の変化を正確に読み取ることなど、誰もできません。自分が強制した職業で子どもが不幸になっても、親権者は責任を負えません。それをふまえて、親としての役割をまっとうしたいなら、父母２人だけ（あるいはひとり親）のままで子どもを育てる大変さを素直に認める必要があるでしょう。

「自分だけでなく、どこの家でも子育ては大変だ」という認識を分かち合えば、近所に子どもを預かり合える間柄を増やし、困った時に互いに相談し合える関係を育てられる仕組みを作り出すことが必要だとピンときます。

仕事と子育ての両立に悩んだ親が、自分の苦しみをただただガマンし、助けを求めなければ、子どもを大事にする文化がなく、一方的に子どもを従わせることが法的に許されている日本の親は、自分のストレスを子どもにぶつけても「仕方がないこと」と居直りかねません。

親権自体が子どもの将来を危うくしかねない重すぎる責任なのに、虐待する親は相談や助けを求めることが苦手で、ひとりよがりの子育てを続けています。民法が父母2人にだけ親権を独占させているので、世間から「おまえらの子どもだろ」と責任を常に監視されてしまうからです。

この制度の下では、どんな親でも毒親にならざるを得ません。

しかも、よのなかには、子どもが嫌いな親、子育てがどうしても苦手な親、いつ逮捕されてもおかしくない暴力的な親、叱らずに子どもをまっとうに育てられる方法を学ばない親、障がいや精神病でも病院に行かない親、子どもが自殺を思いつめるほど嫌がっているのに子どもを手放したくない親もいます。彼らも無条件に親権者になっています。

そういう「良心」が働かない親に、「子どものために助け合える友人を増やして、自分の子育てコストを軽減しよう」と提言しても、彼らがコミュニケーションスキルを向上させて相互扶助の仕組みの中に入っていくことを、現実的に期待できるでしょうか?

「しつけと虐待は簡単に区別できない」と言って思考停止する人がいますが、自分にとって不都合な言動を職場の上司の子どもがしたら、あなたは殴って「しつけ」ますか?

できるわけがありません。やれば自分が逮捕されるおそれを感じるからです。

新聞記事やテレビ番組も、「なるだけ多くの読者や視聴者を増やしたい」というメディア企業自体の都合によって、「どんな親も子育てをがんばっている」という共感されやすいキャッチフレーズを掲げ、親権者の「良心」を問うことがありません。

しかし、しつけの際に虐待しそうな自分に気づいて、子どもに素直に「ごめんね」と謝ったり、親の未熟ぶりをガマンしてくれている子どもに「ありがとう」と言える親と、そんなことを一秒たりとも考えたことがない親では、虐待の頻度や程度は天と地ほど違ってきます。

この両者の間には、グレーゾーンがあっても、線引きはできます。被害を負う子ども自身が切実に嫌がっているのかどうかだけを「しつけ」と「虐待」を判断する基準にすればいいのですから。

子どもを一方的に「幼い」と決めつけ、判断の主体になれる法的権利を奪っておきながら、腕組みして「しつけと虐待は簡単に区別できない」とのんきに構えていられるほど、子ども虐待の被害は軽くありません。

民法に「父母の親権に服する」ではなく、せめて「親権者の良心に服する」と書かれていたなら、子どもに対して心からの謝罪も感謝もせず、「良心的でない扱い」を平気でする親に対して子どもは堂々と反抗し、避難し、命拾いができるのです。

親子関係を上下関係（＝支配・被支配の関係の主従関係）に位置づける現行法のままでは、どんな親権者でも子どもは黙って従わなければならず、親権者の方も2人か1人にだけ子育ての重責を無制限に押しつけられます。この法律による不自由こそが、本質的に子ども虐待を動機づけているのです。

そうした法による主従関係の構造を学ぶと、子育ての知識不足や貧困、学歴、生い立ち、性格など、親の個人的な属性に子ども虐待の原因を探そうとする構えが、あまりにも近視眼的かつ対症療法的であると気づくでしょう。

どんなに子育てマニュアル本を熱心に読んでも、親がいくらでも子どもを奴隷化できる民法にお墨付きを与えられているうちは、この法律を変えるか、親が意識的に「良心」を発揮できる仕組みを作らない限り、親子関係は「教師＝生徒」と同様に上下関係のまま。

この主従関係を温存したまま、親がひとりよがりに「友達親子」を演じれば、子どもは親の良心を信用しにくく、呆れながら不信感を募らせていくだけ。この制度下では、親がどんなに個人的な努力をがんばって続けても、空回りしかねないのです。

親がどんなに子どもを愛しているつもりでも、子どもはそれ以上に多くを学び、日に日に成長します。大人から見れば幼いかもしれませんが、愚かではありません。

やがてネット検索で民法を読んだ子どもは、「親権者のあなたは法律に守られた『私に命じる人』で、私は『従うしかできない存在』なんでしょ。愛って何？　良心って何？」ととまどうばかりでしょう。

親がどんなに心を込めて「愛しているよ」と言ったところで、欺瞞に気づいてしまった子どもは、むなしさを持て余すばかり。親権制度を変えようと動かない限り、子どもにとって親は、「成人まで自分を支配できる権力者」にすぎないのですから。

日本の子どもには親に文句を言う権利もなく、ただただ従うことにずっと耐えてきました。どんなに親や教師に人権を蹂躙されようとも自己主張を引っ込めて、「育ててくれただけありがたく思おう」と自分で自分を慰め、大人になっていったのです。

それは、交渉の余地がない親子関係に耐え、なんとか生き残るために、しかたなく採用された戦略でした。そうした「子ども視点」での現実をふまえると、大人が勝手に決めた虐待の定義そのものも見直す必要が出てきます。

虐待の定義を、子ども視点で読み直す

平成12年（2000年）に成立、施行された児童虐待防止法では、17歳以下の子どもに対する虐待について、次の4つの種類しか認めていません。

まず、身体的虐待。児童の身体に外傷が生じ、または生じるおそれのある暴行を加えることです。子どもを殴ったり、蹴ったりする行為だけでなく、水風呂や熱湯の風呂に沈めたり、刃物を子どもの体に近づけて脅したり、わざとやけどをさせるようにけしかけたり、健康被害のあるものを飲み込ませたり、戸外に裸で閉め出すなどの事例があります。

令和元年（2019年）6月、親による体罰禁止を明記した改正児童虐待防止法と改正児童福祉法が可決、成立しました。この改正で、親や児童福祉施設の施設長らがしつけの一環で子どもに体罰を加えることは禁止されたものの、罰則規定は設けられなかったため、虐待防止に効果があるのかは疑問です。

体罰が禁止されても、大声で怒鳴ったり、恐ろしい目でにらみつけたり、ものを破壊して怖がらせたり、子どもに対して無視や拒否を続けたり、兄弟姉妹間で愛情差別をするなど、恐怖と不安で

図表2-02｜虐待の種類別 相談件数の推移

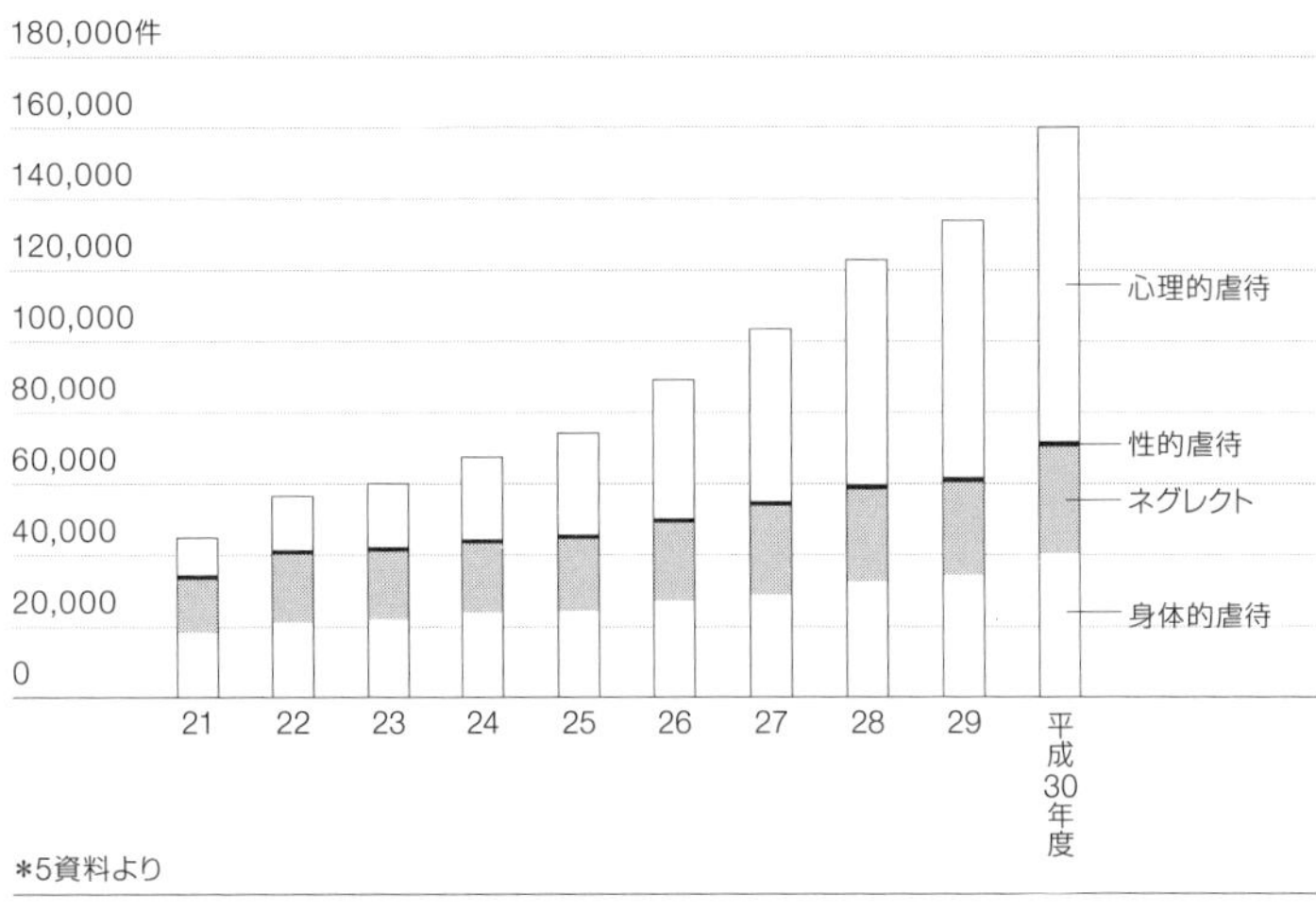

＊5資料より

子どもを支配・管理する親もいます。

それが2番目の心理的虐待です。今日の虐待では、4種類のうち、心理的虐待が一番多いという統計結果が発表されています[＊5][図表2-02]。

平成16年（2004年）に児童虐待防止法が改正され、父母間の暴力を子どもが見たら「面前DV」として心理的虐待をされたとみなすことが明記されました。その結果、警察も面前DVを虐待として認知して児相に通告、保護を求めることになったのです。

この「父母」には婚姻関係にない内縁の夫婦も含まれますが、面前DVでなく、父母がそろって子どもを脅迫している場合、子どもは家族以外に相談したくても報復が怖くてできないため、発覚しにくいです。

その点では、第3の虐待であるネグレクト（育児放棄）も同様です。

ネグレクトとは、子どもの心身の正常な発達を妨げてしまう行為のこと。健康を害するほど子どもに食事を与えなかったり、子どもを長時間放置したり、病気やケガでも病院に行かせなかったり、子どもへの虐待を見て見ぬふりして放置するなど、監護を著しく怠ることです。

子ども虐待の関連本を執筆・編集している私の元には、虐待に悩む子どもたちから相談メールが届きますが、彼らは具体的かつ詳細に被害を訴えてきます。

ある男子は小学生の頃、家族が相手なら話ができるのに、学校などの特定の社会的状況では声を出して話せないという場面緘黙症に悩んでいました。これを親が「この子はシャイな性格だ」と考えて見過ごせば、症状の改善が遅れ、子どもは人とつきあうことに苦しみ、うつ病になることも。なので、親は早期に発見する必要があります。

そうした認知度の低い病気まで学ばなければ、まともな子育てはできないので、1人か2人で子どもを育てる親は本当に孤独で、大変です。

関東地方で暮らすある女子中学生は、シングルマザーの母親が毎晩のように知らない男を自宅に招き入れるので、彼女は男が来る前に外に出て、夜は町をうろつき、朝方に家に帰って登校するという生活でした。

母親は生活保護の受給者でしたが、子どもには衣食住を十分に提供し、男との性行為を見せるわけでもないので、児童虐待防止法が「監護を著しく怠る」と定義する虐待とはいえません。そのせいか、毎晩出会う駅前交番の若い巡査も保護できず、女子生徒は「仕方ないよ」と力なく笑いながら、学校で寝る生活を続けていました。

その母親が男との性関係を見せつけたのなら、第4の虐待である性的虐待に相当します。性的虐待には、親が子どもにわいせつな行為をすることや、子どもにわいせつな行為をさせることだけでなく、性器や性交を見せることや、子どもをポルノグラフィーの被写体などに強要することなども含まれるからです。

この性的虐待は、4つの虐待のタイプの中では被害者が少ないという統計が発表されています。子どもが成長とともに性の意味を知っていくと、恥ずかしくて誰にも悩みを言い出せなくなるので、発覚しにくいからです。性被害に遭った子どものほとんどは、唇をかみしめて泣き寝入り。被害件数は暗数になり、大人から関心外にされています。

厚生労働省の公表している統計は、実態からはほど遠いと言わざるを得ません。

私は親から虐待された当事者から体験記を公募し、1997年、1998年、2017年に『日本一醜い親への手紙』という本を3回作りました。その応募原稿の3割以上が性的虐待で、他の虐待のタイプより突出して多かったのです。

『日本一醜い親への手紙』3点に収録された執筆者の言葉を拾ってみましょう（※年齢はいずれも刊行当時のもの）。

「家の中が地獄でも幸せな子を演じていた」という44歳の女性は、父親が死ぬ間際に、子どもの頃に父の残飯だけを食べさせられていたことや、兄による性的虐待を両親に黙認されていたことなどを「35年かかってはっきり思い出した」（1998年版）。

51歳の女性は、40代に入ってから夫の勧めで心理療法を受けてから親への疑念が噴出。「子どもの頃は恐怖と不安で自分の心の声に気づけなかった」（2017年版）。

49歳の女性は、小3の頃に家に来た養父から性的虐待を受けた。だが、「あれから30年以上が経って、あれが性虐待だったと自覚」した。「そのシーンは何度も思い出されたのに、けっして話してはいけないと思って生きてきたのです」（2017年版）。

つらすぎる記憶を頻繁に思い出していては、日常生活が立ち行かなくなります。虐待されても、その痛みに向き合うだけではつらすぎるのです。

だから、心を守るために特定の記憶を思い出せなくなったり（＝健忘）、自分の感情が感じられなかったり（＝離人感）、夢の中にいるように感じるなどの「解離」を起こす場合があり、虐待被害をはっきりと認知することを難しくさせる一因になっています。

そうした事情で、「親への手紙」を書くのは断念したという人もいれば、「思い出すのが怖くてタイトルを見ただけで買えなかった」「買ったけど、ページをめくれずにいる」という声も届いています。児相に保護される年齢を超えても、虐待の被害は続くのです。

15歳から父親から性的虐待を受け続けて、19歳の今も続いていると告白した女性もいました（1997年版）。『13歳、「私」をなくした私 性暴力と生きることのリアル』（朝日新聞出版）という本を書いた山本潤さんも、13歳から20歳まで父親から性暴力を受けたと告白しています。

思わずため息が出てしまいますが、現実の虐待は法律に盛り込まれた4種類に収まりません。

経済的虐待・教育虐待・文化的虐待は保護されない

高齢者虐待や障がい者虐待では、「経済的虐待」による被害が認められています。

経済的虐待とは、高齢者や障がい者の本人の合意なく、本人以外の人が財産や金銭を使用したり、本人の希望する金銭の使用を理由なく制限すること。認知症になった高齢者や自己管理の困難な障がい者のお金を、家族や後見人などが勝手に使う現実があるから、虐待だと認められているのです。

こうした経済的虐待は、子どもも被害に遭っています。

おこづかいやアルバイト代を辛抱強くこつこつ貯めて、やっとの思いで念願のゲームを買っても不在時に親に壊されたり、お年玉を親が「預かっておく」と言うので渡したら、後年「そんな話はしていない」と言われて失ったケースもあります。

「半年働いたバイト代を自分の部屋の貯金箱に入れておいたら、父親に全額パチンコ代に使われてしまった」という女子高生から、私は相談メールをもらったことがあります。その子の悲しみを思うと、大人として無力感を覚えざるを得ませんでした。親権者には子どもの財産を管理する権利があるからです。

この法律は、子どもに資産がない時代を前提にしています。そのため、高校生でもアルバイトができ、生活費さえ稼げる今日、その賃金を根こそぎ親に奪われることをよしとする根拠法があるのでは、雇用主が子どもに賃金を直接渡しても、らちがあきません。

銀行口座を開設したくても、未成年者は親権者との同伴や許可が求められますから、親に隠してお金を貯めることも困難。子ども虐待に経済的虐待が認められない限り、性的虐待など他の虐待を受けている中高生は、自力で児相や遠い親戚などへ避難するための交通費さえ得にくくなり、家を飛び出す勇気を持てないまま。

だから、父親からいつまでもレイプされ続けて妊娠・中絶をくり返したり、売春などの違法行為で避難資金を作らざるを得ない子どももいます。民法の制度疲労が、子どもから経済的自立のチャンスを奪い、子どもを不当に危険な自立手段へと追いつめているのです。大人が子ども視点に立って民法を変えようとしないからです。

こうした経済的虐待では、子どもから労働の機会を奪うこともあります。「子どもは勉強が第一」と言えば、世間の大人は親の味方をするからです。しかし、その「勉強第一」の延長線上に、教育虐待を賛美する風潮が作られています。

平成23年（2011年）に開催された日本子ども虐待防止学会で「子どもの受忍限度を超えて勉強させるのは『教育虐待』」として発表され、教育虐待は話題になりました。

それを子ども視点で言い換えるなら、「子ども自身の希望をくまず、親の欲目で親の求める進学先しか認めないこと」です。「おまえは女子だから学歴はいらない」という理由で大学に行かせない親は、今日の日本でも珍しくありません。

これも、民法が親権者に子どもの職業を許可できる権利を保障しているため、子ども自身が自分の望む進路をゆっくり考えたり、自分の意思だけで進路を決めることができないという問題を引き起こしている結果です。

親の望まない進学先を言い出した時、親から「それなら学費は出さない。勝手に行け」と言われた子どもは無数にいます。親は子どもの将来に責任を負えないのに、その親に逆らえば、自分で教育投資の金を負担しなければなりません。

だから、仕方なく親の望む進学先に入れるよう、がんばって勉強するしかありませんが、合格したら「私の言うとおりにして良かっただろう」と恩着せがましく言われます。

よのなかには、子どもを偏差値の高い大学に入れ、子育て本を書いて印税で儲け、そんな親にあこがれる人向けの講演で荒稼ぎしている人もいて、新聞やテレビでも子どもの努力を自分の手柄にするそんな親を持ち上げることがあります。

欧米では、経済的な成功を収めた男がその手柄の象徴として妻にする若くて美人の女性のことを「トロフィーワイフ」と呼びます。

これにならえば、子どもに十分な教育投資のできる親によって「都合の良い子としての優等生」に調教され、東大など偏差値の高い大学に合格した子どもは、親にとって自分の子育ての成功を象徴する「トロフィーチャイルド」でしょう。

受験勉強をがんばったのは、子どもの方。「私がこうしつけたから合格できたんだ」と自慢げに世間に公言する親を見た時、子どもはどう思うでしょうか？

自分の尊厳を守るための勇気や愛、正義感や反抗心は、受験勉強では身につかないので、親の望むとおりに東大に合格し、官僚になれたとしても、上司や総理を忖度するしかできません。

そんな官僚が上司の命令で秘密を隠すことを強いられたら、「これは国民のための仕事ではない」と怒ることもできず、週刊文春に秘密を売って第二の人生を始めるという決断もできないまま、1人で悩みを抱え込んだ果てに自殺するしかないでしょう。

他にも、子どもが一般常識と非常識との間に宙づりにされ、家庭にも学校にも居場所を失ってしまう種類の虐待もあります。これを私は、「文化的虐待」と名付けました。

たとえば、ある男子は両親が入信するカルト宗教団体の教えどおり、「人を好きになってはいけない」と教え込まれました。学校では「みんな仲良くしよう」と教えられますから、その子は「あいつの親、バリバリの器だぜ」とからかわれ、クラスメイトたちから仲間外れにされ、中学校の入学式以後、ひきこもりになり、やがて家出しました。

このように親の信じる文化（価値基準）と一般社会の文化が異なることは、珍しくありません。親がヤクザ（暴力団）、極左・極右などの過激な思想の持ち主、精神病者や知的・発達の障がい者、家父長制を信じる原理主義者などである場合、子どもが文化的虐待に苦しむおそれは常にあります。

また、親が学歴・所得・職業・性・国籍などに偏見や差別意識を持っていると、子どもは学校でさまざまな属性の子どもとつきあうのが難しくなり、親に従おうとすればするほど教室で仲間外れにされ、いじめられやすくなります。

親自身が異文化どうしの間にそれぞれの違いを認め合う寛容さを自分の内面に育てない限り、子どもは文化的虐待に苦しみ続けるのです。

何が虐待かは、被害者こそが判断できる

あまり語られていない虐待は、他にも少なからずあります。

たとえば、子どもが複数いる家庭に障がい児と健常児がいた場合、健常児の方は「きょうだい児」と呼ばれています。

きょうだい児は、幼い頃から障がい児の兄弟姉妹の世話をさせられ、親が障がい児にかまける時間が増えるために承認欲求を満たされず、不平を漏らせば「わがままだ」と叱られたり、障がいのある兄弟と一緒に通学するだけでいじめに遭うこともあります。

そこで親がきょうだい児の大変さを理解しようと努めなければ、きょうだい児は「私は生まれつき運が悪いんだ」「親が死んだら障がいのある兄弟姉妹を私が背負って生きなければならないの？」と自分を責めるようになり、将来の夢を失い、自己評価が低くなってしまいます。

すると、家族に認められるように必要以上にがんばってしまったり、教室で誰にも理解されない

恨みからトラブルを起こしていじめられたり、逆に声をかけられないように無口になったり、何事もないようにいつも笑顔でふるまったり、他人の問題にかまけすぎて自分のやりたいことを育てないまま、虚無感を持て余した大人になりかねません。

このように個人の尊厳を奪われるありようは、「兄弟姉妹間の差別的扱い」という心理的虐待に相当します。しかし、児童虐待防止法には、きょうだい児の負う苦しみを心理的虐待と明確に規定する条文がありません。

国が虐待を定義するのは、あくまでも法的措置を判断するための便宜的な手続きにすぎません。その結果、児童虐待防止法に規定された虐待の種類に当てはまらない虐待を受けている子どもは、保護されず、毎日毎日ガマンを続けるしかありません。

こうした問題は、認定される虐待の種類を増やせばいいという対症療法的な発想では虐待は永遠になくならないことを示唆しています。

日本の子どもは、親権者から保護・監督されることで、実質的に支配・管理されています。しかも、親に不当な扱いを受けたら拒否できる権利や、一方的に支配される関係からは避難していいという権利すら、法的に保障されていません。

子どもにとって親権は、一方的に奴隷化を迫られる恐ろしい権力なのです。

その権力を背景にした虐待を未然に防ぐには、何が虐待なのかを判断する権利を（児相だけでなく）子ども自身にも与えていいのではないでしょうか？

体力・経済力・知力などを獲得する「育ち」の過程にいる子どもを「幼い」と決めつけてその権利を封じるより、子どもに安心と安全を提供できない親自身の幼さを問うことこそ、これからの虐待防止策に必要な視点であるように思うのです。

最近、児童福祉の専門家の間で、「虐待」という言葉が子育てをがんばっている親にとってつらいので、「マルトリートメント」(不適切な関わり)というやわらかな言葉を使うのがいいという意見が出ています。それは、子どもが望んだことでしょうか?

自分が親に苦しめられた被害を子どもがどう呼ぶかは、子どもの自由であるはずです。その自由を奪うように、専門家が虐待の深刻さを覆い隠すような言葉を一方的に社会に流通させるなら、性犯罪を「セクハラ」と言い換えて被害のイメージを矮小化する人や、反抗できない状況下での性行為を「和姦」と言い張る人と変わりません。

そういう大人を、親から虐待されてきた子どもが信用するでしょうか?

あなたは、父親にレイプされ、妊娠・中絶をくり返して来た子どもの前で「これからは虐待を『不適切な関わり』と言い換えます」と言えますか? 私は言えません。

私のところには、公的機関や友人にも相談できない(あるいは相談しても満足な回答が得られなかった)子どもから直接相談メールが届くので、彼らの気持ちが痛いほどわかるからです。

親を殺さなければならなかった子どもたち

大人は、これまで一方的に虐待の種類を定義してきました。しかし、現実の子どもは多様であり、親の言動の何が切実に嫌なのかはそれぞれ異なります。

幼稚園の頃から空手を学んでいた子どもから、「親には殴る蹴るの身体的虐待を受けてきたけど、試合で初めて会う相手の方がはるかに怖い」とメールが届いたことがあります。彼は後年、プロの空手家になることを志したのですが、親から「優秀な大学へ行け」と言われ、親を裏切れず、夢を失い、うつ病になって、ひきこもっています。

虐待は、どの種類でも子どもから自尊心を奪い、成長とともに精神病や自殺願望、自己評価の低さなどを染み込ませ、子どもを一生苦しませるのです。

もちろん、子どもでも、親を刑事事件で訴えることは理論的には可能です。でも、そこまで考えられる頭の良い子ほど、働き手の親の逮捕で自分の生活が成り立たなくなる不安や、進学費を調達する困難を先取りし、「何をやってもダメなんだ」と虚無感に支配されやすくなります。

すると、子どもは、白人から差別され続けてきた黒人のように「どうせ俺なんて……」と自己評価が低くなり、ブラック企業から抜け出せずに貧困化したり、衝動的に自殺や犯罪に走ってしまうなど、人生をふいにせざるを得なくなることもあるのです。

平成26年（2014年）10月、北海道南幌町で当時高校2年生だった少女が、「絶対君主」と名乗る祖母（当時71歳）と母（当時47歳）を包丁で刺殺しました。この少女に対する祖母・母による10年以上もの虐待について、平成28年（2016年）2月の札幌地裁で少女の姉がこんな証言をしています。

「祖母は（妹のことを）うるさいと言って、声が出ないようにガムテープを口に巻きました。涙でテープがぐちゃぐちゃになってとれそうになると、口から頭にも巻き付けていました。鼻が少し出るか出ないかくらいの状態でした。

小麦粉を焼いて、マヨネーズをかけて、生ゴミを載せられていました。はき出しても、無理やり口に入れられて、食べさせられていました。台所の排水のところにあるものです。（妹は）一度、札幌に逃げたことがあったけれど、2人に見つかりました。どこに行っても追いかけてくるのが恐ろしかったです[*6]」

平成29年（2017年）10月には、北海道の伊達市で会社員の19歳の長女が40代で無職の父親の背中を包丁で複数回刺し、殺人未遂容疑で逮捕されました。会社員として働き、家計を支えていた彼女は、「自分や家族に暴力を振るうお父さんが憎くて刺した」「殺せば状況が変わると思った」と容疑を認めたそうです。

虐待に起因するこうした「親殺し」事件は、人類史の初めからあり、特殊なことではありません。他方、親を殺さない代わりに、親から虐待される苦しみにぎりぎりまで耐え続けて精神を病んでしまったり、周囲から理解されない孤独感に長年苦しんでいる人は、決して少なくありません。

この事実は、日本人の大人が子ども虐待を今日まで放置してきた結果です。

虐待の深刻さにピンとこない方は、親に虐待された100人が被害について書いた本『日本一醜い親への手紙 そんな親なら捨てちゃえば?』(dZERO刊)を今すぐ読んでみてください[図表2-03]。

虐待を知っているつもりのまま、その深刻さに気づかず、「弱気になりそうな自分と戦い続け、勝ち続ければ、奴隷の境遇でも尊厳を取り戻せる」という安い根性論を言い出す人も、世間には大勢います。

しかし、そんなきれいごとを実現させるには、合法的かつ安全な自立ができる家出の方法を教えたり、訴訟手続きを調べさせたり、まともな稼ぎ方を辛抱強く教えることのできる大人が必要です。

児相が機能不全である現在、虐待から子どもを救うには、そんな実践的で泥臭い新しい発想の解決アクションこそが必要だからです。

次章では、すでに始まっているアクションや、子どもの年齢別の防止策を提案します。

図表2-03

Create Media 編

日本一醜い
親への手紙
そんな親なら
捨てちゃえば?

dZERO

第3章

子どもの年齢別虐待防止策

虐待する親は、家の外の人との関係を拒む

虐待を防止するには、どんな親に子どもを虐待するリスクがあるのかを知り、その親を早期に発見する必要があります。

文部科学省は、ホームページで次のような「虐待リスクのチェックリスト」を公開し、虐待する親の早期発見を促しています。[*1]

□子どもに対して理想の押しつけや年齢不相応な要求をする

□発達にそぐわない厳しいしつけや行動制限をしている
□子どもの発達に無関心で、育児拒否的な発言がある
□子どもに対してことあるごとに激しく叱ったり、ののしる
□保護者自身に必要な治療行為を拒否する
□学校行事への不参加や連絡をとることが困難
□家中ゴミだらけ、異臭、シラミがわく
□理由のわからない頻繁な転居がある
□近隣とのつきあいを拒否する
□必要な支援機関や地域の社会資源からの関わりや支援を拒む

虐待する親の言動に関して、自治体も次のようなチェックリストを公開しています（※複数の自治体のホームページから一部を抜粋）。

□人を家の中へ入れたがらない
□地域で孤立している
□小さな子どもを残してよく外出している
□子どもを夜遅くまで遊ばせたり、徘徊させている

□子どもの衣服や身体が極端に不潔
□子どもの傷に対して親の説明が不自然
□子どもの話題を避ける
□受診が必要な病気やケガの子どもを受診させない
□アルコール依存症や統合失調症などの病気が疑われる
□体罰を正当化する
□親の気分の変動が激しく、かんしゃくを爆発させる

こうした親による虐待のおそれがあっても、0歳から5歳までの乳幼児は自分から防止策を学ぶことはできません。

なので、親を教育する仕組みが必要になります。

出産前から「父子手帳」、出産祝いは授乳服を

内閣府はホームページで、父親の産休と子育て参加を促進させるための「さんきゅうパパ準備BOOK」という冊子を公開し、ダウンロードできるようにしています。

しかし、産後からすぐに必要となる「親権者の責任」「虐待の定義」「子どもの人権」の3点を紹

図表3-01

介していません。*2

これは、自治体の発行する父子手帳でも同様。

そこで、プレパパ（これから父親になる人）向けにこの3点の知識を夫婦で学べる父子手帳を発行するよう、あなたの地元の都道府県や市・区の役所のホームページ（児童家庭課や子ども福祉課）からお願いのメールを出してみませんか？

私は、政治家からこの新しい父子手帳の具体的な内容や作り方について相談を受けることもありますので、自治体から制作の発注があれば、応じます。

よのなかには、乳幼児を宙に飛ばし、「高い、高い」でしつこく乳幼児の頭を揺らしたり、車中で専用シートに座らせないまま長時間運転するなど、脳障害や「ゆさぶり死」などを招きかねない行為をしてしまう父親がいます。それらは母親どうしの間では互いに注意を喚起されていることなのに、父親は無知・無関心ゆえにやってしまうのです。

親権者には、子どもを監護・養育する責任が課せられています。しかし、具体的に何をしたら責任を果たせるのかについて無関心なら、子どもの命と尊厳を大事にできません。そういう親は、ひどい虐待をしていても、それが悪いことだと認識できません。

親を教育できるのは、子どもがまだ幼くかわいいうちです。なので、産院のある地域の公共施設でプレパパ向けセミナーを開催したり、乳幼児の定期健診に父親を参加させる条例を作るよう、役所や地元の議員にメールで要望してみませんか？　全国でそういう動きを増やせば、国もまともな父子手帳を作らざるを得なくなりますから。

また、出産祝いには、授乳服を贈りましょう。授乳服とは、授乳していることを誰にも気づかれないデザインの服。私は、「モーハウス」というメーカーの授乳服をネット通販で購入し、出産祝いに贈ることをお勧めします。[*3]

出産直後、母親は周囲の家族や友人から子どもと2人だけの時間を持つように強いられがちです。しかし、赤ちゃんはいつ泣くかもわからず、うんちの色や突然の発熱など初めて経験することばかり。そこで「2人だけの時間」が長く続けば、親のストレスは知らず知らずに溜まっていき、したくもない虐待をしてしまう時があります。子どもが2人以上いれば、ストレスも労力も倍増するでしょう。

授乳服があると、いつでも授乳できるため、赤ちゃんが空腹で泣き出しそうな時にすぐに授乳できます。授乳服を着れば、電車やバスなどに乗って子連れでどこへでも自由に行けるので、友人と会って話したり、映画館や劇場に足を運べるなど、育児ストレスの発散の機会を確保でき、職場復帰も早められます。

「したくもない虐待」の動機さえなくせば、虐待は未然に防げます。逆に、育児ストレスを放置していれば、母親が産後うつになる危険も高まります。うつになれば、育児をまっとうする気力を失い、ネグレクト（育児放棄）という虐待につながりかねません。

そこで、特定非営利活動法人マドレボニータでは、産前産後ケアプログラムを体験できる教室を北海道から九州まで全国で展開中。多胎児の母、ひとり親、障がい児の母など、社会的に孤立しがちな親でも心身の健康と仲間を得られるよう、受講料を全額補助する「産後ケアバトン制度」も設けています。[*4]

1歳から「子育てシェア」、幼稚園からはCAPを

今日、共働き夫婦世帯は増え続けるばかり。

その世帯では、産休が明けて仕事に復帰しようとする際、子育てと仕事の両立という問題が浮上します。近所に親族がいない核家族では、子どもを家族以外に預けないと仕事に行けず、親の周囲に子育てを助け合える関係を増やす仕組みが必要になります。

親が親族やご近所、友人などの地域社会から孤立していると、子育ての労力を分担できず、育児に苦労するストレスをわかり合えるチャンスもなく、「したくもない虐待」を動機づけられてしまいます。それでも、誰に頼っていいかもわからないまま悩み続けている親は、たくさんいます。

横浜市在住の甲田恵子さんという子育てママも、「私も子育てを誰かに頼るのが苦手でした」と告白するひとり。そんな彼女は、AsMama（アズママ）という会社を作り、「子育てシェア」という

図表3-02｜AsMamaの親子交流会のようす

サービスを提供しています。[*5]

アズママは、地元のスーパーなどの大型商業施設にママさんを数百人も集め、お互いに顔見知りになり、仲良くなってもらうチャンスを作り出しています。また、お寺の広い庭で水浴び大会や、喫茶店でおしゃべり会を開くなど、子連れで参加し、親どうしが知り合えるチャンスも全国に増やしまくっています。

これは「親子交流会」と呼ばれ、全国各地で年間1500回も開催されています。

自宅から徒歩や自転車で気軽に行ける近い場所に、自分と同じように子育て中の親がいて、何度も同じ場所で話をして、気が合えば、お互いに子どもを預け合えます。しかも、お互い様の関係の相手はいくらでも増やせます。

このように親どうしが気軽につながることをお手伝いする人材として、アズママが認定する支援者「ママサポ」(ママサポーター)を育成するため、Skype(スカイプ)を活用した「オンラインママサポ活動説明会」も開催。親子交流会を通じて出会った親どうしを、「子育てシェア」というサービスにつなげています。

これは、自分の子どもを一時的に預けたいママが、1時間500円程度の謝礼を預かってくれるママに支払う仕組みで、スマホから会員登録できます[図表3-03]。

このサービスで預かり合える子どもは、1歳から18歳まで。子どもを預かることで万が一トラブルを起こしても、アズママ自体が保険に入っているので、安心して子どもを預かることも預けることもできます。親どうしで育児のつらさを言い合い、共感し合えば、親から子どもを虐待する動機を減らせます。

同時に、子どもが自分の家の事情を家の外の人に知らせるチャンスになります。

子どもは、よその家に行けば、自分の家とのハウスルールの違いに気づきます。子どもどうしでは、「うちは月1回しか風呂に入れないけど、きみの家はいつでも入れるんだね」とか、「おまえんちはママに話しかけてもちゃんと話を聞いてくれるからいいよな」という話も自然に出ます。

そうした会話を聞いた親は、預かった子どもの親のストレスを察知し、話を聞いてあげることでストレスを発散させてあげたり、問題があれば、力になってあげることができるかもしれません。

この親どうしの助け合いこそ、地域における「共助」。「共助」の関係を地域に作り、増やすことで、アズママは子育てを楽にするだけでなく、結果的に子ども虐待を未然に防ぐという価値も生み出しているのです。

でも、アズママのホームページには「虐待防止」とはどこにも書いてありません。親に子育ての苦労を軽減できる仕組みを伝えるだけ。だから、地域で孤立しがちの親が、誰にも責められる不安を持たずに安心して「子育てシェア」を利用できるのです。

アズママは、奈良県生駒市などの自治体や有名企業とも連携し、コミュニティづくりを推進するプロジェクトを全国津々浦々に急速に普及させています。

次に、就学前の3歳から中学3年生の15歳までの子どもが虐待されない仕組みについて紹介します。その年齢向けには、NPO法人CAPセンター・JAPANに業務委託するのが早道。*6

図表3-03｜AsMamaのアプリ「子育てシェア」

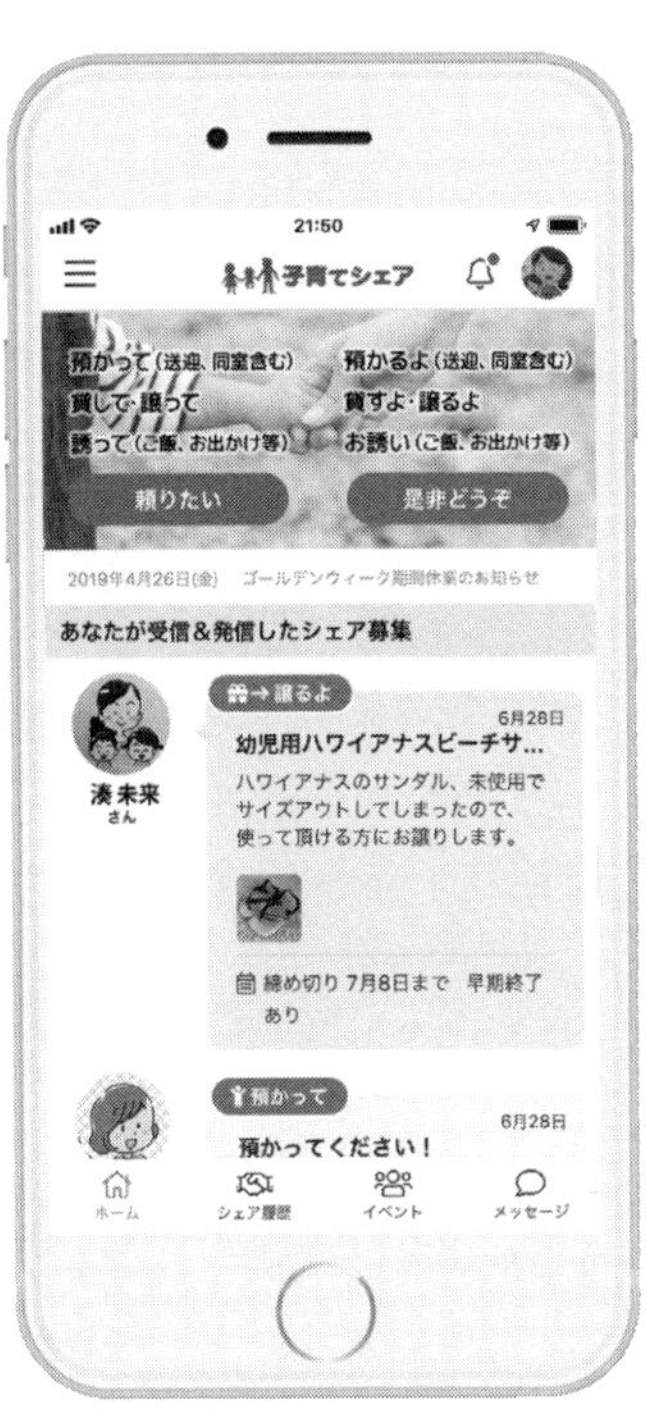

このNPOでは、90年代半ばから子どもへの暴力を防止するためのプログラムを教職員・保護者・子どもの3者に提供し、いじめや虐待、性暴力、誘拐などの暴力に対して子どもの発達年齢別に子ども自身ができることを具体的に教えています。

暴力から逃げられる勇気を引き出すため、いつでも大声で叫ぶことができるように練習したり、危険な人から逃げる方法などを教えるプログラムで、保護者が学校に「CAPプログラムを導入して」とお願いすれば、学校の年間予算やPTA会費などで実現できます。

CAPプログラムは、「エンパワメント」(内なる力の活性化)、「人権意識」(基本的人権)、「コミュニティ」(助け合い)という三つの柱に基づき、子どもは「無力で何もできない」のではなく、力が発揮できない状況にあるだけと考え、子どもを「大人が守るべき弱い存在」として見るのではなく、子ども自身の問題解決力を信じ、活性化する試みです。

もっとも、CAPセンター・JAPANには、全国の学校を網羅するだけのスタッフがいません。そこで、あなた自身も、「子どもの人権」「親権者としての責任」「虐待とは何か」を親子で学ぶイベントを年1回の恒例行事として、PTAを通じて開催してほしいです。

9歳から「親への手紙」を書く授業を

9歳以上なら、子ども自身が親からされて切実にイヤな言動を文章で表現できます。

令和元年（2019年）、千葉県野田市で両親に虐待されて殺された栗原心愛（みあ）さん（享年10歳）は、亡くなる約1年2か月前の小学3年生（当時9歳）の時、野田市立山崎小学校のいじめアンケートでこう回答していました。

「お父さんにぼう力を受けています。夜中に起こされたり、起きているときにけられたりたたかれたりされています。先生、どうにかできませんか」

学校は文科省管轄の役所なので、校内でのいじめを想定していたかもしれません。しかし、「いじめ」という言葉で親を思い浮かべる子どももいます。私たち大人が、子どもたちから「虐待とは何か」を学べるチャンスを奪ってきたからです。

そこで、親子で虐待について学べるよう、次のような課外授業を小学3年生以上の教室で、学期末の終業式の後に試みてほしいのです。

①4種類の虐待と、経済的虐待・教育虐待・文化的虐待をわかりやすく解説
②この章の冒頭にある「虐待リスクのチェックリスト」を紹介
③次の「被虐待児を早期発見するためのチェックリスト」も紹介[*7]

□不自然な傷やあざ、入院歴が複数ある
□低身長・低体重・栄養失調・脱水症状など、低栄養を疑わせる

□性行為の強要や性感染症になった経験がある
□自殺未遂や自殺を企てたり、ほのめかす
□不自然な長期の欠席があり、確認できない状況にある
□ケガを隠すため、衣類を脱ぐのを嫌がり、夏に長袖
□治療をしていないため、治癒が不自然に遅いケガや虫歯
□給食をむさぼるように食べ、際限なくおかわりする
□衣類を着替える際など異常な不安を見せる
□ボーッとしていたり、うつうつとし、話をしなくなる
□他児の性器を触ったり、自分の性器を見せる
□保護者をおそれ、大人に対して執拗な警戒心がある
□無表情、凍り付くような凝視など抑制的な行動
□いつも不潔な服を着ていたり、異臭・湿疹がある
□攻撃性が強く、いじめや動物虐待をする
□友達と一緒に遊べなかったり、孤立する
□不定愁訴や腹痛など心身の不調を訴えることが多い
□悪夢や不眠、夜尿など、睡眠に関する障害がある
□年齢不相応に幼く、担任教師などを独占したがる

□年齢に似合わないほど丁寧すぎる言葉遣いや態度
□精神的、情緒的に不安定な言動がある
□深夜徘徊・喫煙・窃盗・シンナー吸引・不純異性交遊
□くり返し嘘をついたり、空想的言動が多い
□親の顔色をうかがって行動し、親と離れると笑顔になる

以上のチェックを済ませたら、『日本一醜い親への手紙 そんな親なら捨てちゃえば？』（dZERO刊）という本に収録された手紙を先生や児童・生徒で朗読しましょう。

虐待の被害者が親にどんなことをされ、どんなに苦しんでいるのかを、勇気を出して告白した本です。この本の一部は、著作権者の私の許可を得てインターネット上で朗読した動画が公開されていますので、それを紹介してもかまいません[*8]。

この本を読めば、被害当事者は「まさに自分が親にされていることが虐待だ」と気づけますし、自分と同じ苦しみを負っても生き残ってきた人たちの存在を知れば、家の外の人に相談する勇気や生きていける自信もわいてきます。

授業の最後には、自分が親にされて切実にイヤだったことをテーマに「親への手紙」を書く課題を親子両方に出してほしいです。もちろん、教師自身も書いてみましょう。

書き出しは必ず「お父さんへ」（あるいは「お母さんへ」）にし、「僕」や「私」のような一人称の主語

を使い、親に語りかける手紙形式で書きましょう。そう伝えると、作文が苦手な人も書きやすくなります。「どんなひどいことでも書いていいんです」と口添えしておくと、安心して書けるようになる場合もあります。

ただし、この課題の提出期限は任意かつ無期限にし、提出先を養護教諭（保健室の先生）にしておきましょう。担任教師へ提出することになると、被害当事者はなかなか本当のことを書けませんから。

このような授業ができない場合は、『日本一醜い親への手紙 そんな親なら捨てちゃえば？』を学校図書館に置いてくれるよう、学校にお願いしてみてください。本の寄付を受け付けている学校もあります。1冊買って、学校へ寄付してください。

子どもがこの本を読めば、自分の被害に気づけて児童相談所に早めに保護されるチャンスになります。また、教師がトラブルの多い子どもに読ませれば、トラブルを減らし、教師の労力を軽くすることも期待できます。

子どもが自分を救える起業教育も9歳から

子どもは、「育ち」の中にあります。

9歳以上なら、学校で教わらないことも自ら学び、自分で考えて行動できます。

2013年、アメリカの普通の家庭で育った9歳の女の子ビビアン・ハーさんは、自分と同い年くらいの2人の奴隷の少年が大きな岩を背負って運んでいる写真を見ました。

「どうして同じ子どもなのに、彼らが奴隷にならなければいけないの？」

ビビアンさんは、世界中のすべての児童奴隷を解放するため、家の前の道端でレモネードを売り始め、やがて父親と一緒にフェアトレード・オーガニック・レモネードの販売会社Make a standを立ち上げ、売り上げの5％を奴隷労働問題に取り組むチャリティ組織に寄付し始めたそうです。[*9]

日本でも、2000年代に入ると、普通科以外の高校では3年間も実践的にビジネスを学べるようになったので、新聞やテレビで「高校生起業家」が続々と話題になりました。2010年代からは自治体や民間団体が主催する小学生向けの「子ども起業塾」が全国で増えたので、「中学生起業家」も珍しくなくなりました。

2020年の今日、小学生がスマホやパソコンを使ってビジネスを学び、起業することは、特別なことではありません。このような時代の劇的な変化は、親や教師の知らないところで急速に進んでいますが子ども自身が収入を自力で得られる事実が増えることは、被虐待児にとって大きな希望になります。

子どもがけがや病気をしても、虐待する親は病院に行かせません。なので、売春で稼ぎながら精神科の治療を受けていた女子中学生もいました。児相や警察へ行って保護されたくても、そこまでの交通費がない地方在住の男子中学生もいました。彼は友達にお金を借りまくったのですが、保護された後は自分の意思では施設から出られないため、友達を失ってしまいました。

労働基準法56条によって、中学生以下の子どもを雇う会社はありません。しかし、雇われなくても、商品やサービスを作り出し、自営業として稼ぐことはできます。

小学生の頃から化学記号でゲームを作り、出版社に売り込んで商品化することで印税収入を得ている子どももいます。中学生の時に人気ゲームの情報サイトを作り、そのサイトの広告収益で大学の学費と自分の生活費を賄っている大学生もいます。

こうした子どもの起業には、周囲の大人の理解や協力が不可欠です。親権者は財産管理権を行使できるため、子どもが稼いだお金を巻き上げてしまうことがあるからです。子どもが自分の利益を守るには、親権者の管理権限が及ばないよう、会社を設立し、お金の管理主体を法人にします。

会社設立の手続きに必要な印鑑登録は、15歳以上なら可能。ただし、会社の設立を法務局に申請する(＝法人登記する)際、親権者の同意書や印鑑証明書、戸籍謄本が必要です。

なので、子どもが定款(会社を運営していくうえでの基本的規則)のサンプルをネットで参考にしながら定款を書いた後、親以外の大人が子どもと親の間に立ち会い、親に印鑑証明書と同意書を準備させ、定款に押印させるといいです。

子どもを虐待する親は、子どもに関心がないので、親権者の自分に子どもの財産を管理する権利があることや、子どもが法律行為を行う際に同意する・しないを選べる権利があることすら知りません。

そこで、子どもが友人の親や担任教師、塾教師などの大人に親との間に入ってもらうよう頼み、前述の手続きさえ終えれば、あとは地元の法務局で指定の手続きの後、会社として認証され、1人社長が誕生します。

なお、1人株式会社または1人合同会社を設立する場合は、公的個人認証サービス電子証明書を取得すれば、申請書情報およびすべての添付書面情報に必要な電子署名を付与できるので、添付書面を管轄の法務局に別途持参することなく設立登記を完全オンラインで申請できます。[*10]

大人よりのびしろの大きい子どもを信じて

このように、どんな子どもでも商品・サービスを考え、自分の仕事を作り出すには、実践的な起業教育が受けられる環境が必要です。

たとえば、地域にあるNPO、青年会議所、ベンチャー企業が連携し、子ども向け無料起業塾を運営するといいでしょう。子どもが稼げるようになったら、利益の一部を塾へ寄付したり、授業料として支払う仕組みにすれば、塾の運営コストを賄えます。同時に子どもが会社を作る際にお祝い金として拠出できるので、子ども側は登記代や資本金にできます。

法人登記の際も、教える大人が子どもと親の間に入れば、手続きはスムーズにできるでしょう。未成年者に大金を貸す金融機関はないため、無借金経営が前提。リスクが生じる余地はありません。

株式会社の設立手続きには約20万円がかかりますが、合同会社なら6万円ですみますし、決算公告の義務もありません。

日本の子どもは小学3年生までに足し算、引き算、かけ算、割り算を習い終え、中学卒業後は因数分解、平方根、2次方程式などまで理解できるようになっています。大人よりのびしろの大きい子どもは、6年間で急速に成長できるのです。9歳から起業を学べば、高校生になる頃には親より多くのお金を稼げているかもしれません。

子ども自身が稼げるようになれば、親は必要なくなります。進路選択について親から口出しされても、自分の希望する進路を自分の力で守れます。子どもが経済的に自立してこそ、親と対等な交渉ができるのです。

子どもにとって、合法的に稼げる方法を学ぶチャンスを得ることは、親権者からの不当な支配から避難し、自分の心身や友人関係を守るために必要な命綱であり、権利なのです。

親が居所指定権（親が子どもの居所を指定する権利）を行使し、子どもを家で虐待し続けようとしても、会社名義で賃貸物件を借りられるので、親の知らない場所へ家出し、そこで安心して暮らしながら高卒認定に合格すれば、大学にも進学できます。

有権者と政治家が児童福祉や虐待防止に十分な予算をつけない以上、子ども自身が自力で身を守れる方法を担保するのが民間の役割。どんな子どもでも稼ぐ技術を学べて、法人登記できるようになれば、社会的養護の必要性も薄まるでしょう。

児童養護施設や自立援助ホームにも、民間の無料起業塾から講師を派遣すれば、子どもは退所後に保証人がいないために正社員になれなくても、就職先がなかなか決まらなくても、自分が作った会社の仕事で食べていけます。

財政破綻が危ぶまれる自治体では、女性や20歳以上の若者向けに無料の起業講座を設けるところが増えています。

私も京都府などから依頼され、未成年者や障がい者などによる起業事例を豊富に教えています。彼らが実際にできているビジネスを学べば、どんな人でも自分の仕事を作り出すことが意外とカンタンだとわかるからです。

市役所や青年会議所などに無料塾の設立を要望するメールを送り、公民連携で9歳からの無料起業塾を全国に増やしてほしいです。子どもが稼げる経営者になれなくても、塾で一緒に学んだ仲間たちの会社から仕事を得ることはできるのですから。

以上、子どもの年齢別の虐待防止策を紹介しました。0歳から成人年齢まですべて「子ども」としてひとまとめにするのではなく、発達年齢に応じて子どもの権利を拡張していける制度改革や民間の取り組みを、あなたも考え、生み出してください。

第4章

あなたができる虐待防止策

大人に問われている、「子どもを守る」覚悟

これまで虐待防止策として主に語られてきたのは、親のストレスを軽減する子育て支援や、児童相談所・学校・警察の役所間の連携促進、職員や児相・里親の増加でした。

しかし、そうした取り組みは虐待の早期発見に寄与するだけで、児相への虐待相談を30年間で一度も減らせず、親に虐待をやめさせる動機を育ててきたわけでもありません。虐待防止策としては、成果を出せなかったのです。

虐待する親は家の外の人との関係を拒否するので、子育てに不安を持っても誰かに相談はしませ

ん。すでに加害者意識があれば、バレるのが怖くてよけいに相談しません。「子育てに苦労している親を助けてあげて」と主張しても、子どもは助からないのです。この不都合な現実から、目をそらさないでください。

令和2年（2020年）4月、新型コロナウイルスによる感染拡大によって政府から緊急事態宣言が発せられると、在宅ワークを余儀なくされた親が一斉休校中の子どもを虐待するという相談が児相へ殺到しました。

一時保護所や児童養護施設などがクラスター（集団感染）の場所になっても、子どもは自分の権利として家に戻ることはできません。なのに、これに備えて、避難先の代替施設を確保できるかどうかを、政治家や新聞記者が先手を打って確認することはありませんでした。

子どもの命や人権、身分を大事にする文化は、これから市民自身が民間で築いていくしかないのです。

「さんざん虐待された後にほんの一部だけの子どもを保護する」という従来の方針から、「そもそも親に虐待されない仕組みを作る」という新しい方針へ転換するには、あなた自身が無理なくできる活動を考え、行動に移す以外に、虐待されている子どもにとって希望は生まれません。

令和元年（2019年）6月、児童福祉法などの改正案が可決、成立しました。

この改正が画期的なのは、「児童の意見表明権を保障する仕組みの構築その他の児童の権利擁護の在り方について、施行後2年を目途に検討を加え、必要な措置を講じる」という内容が入った点にあります。

児童が自ら意見を述べることができる機会の確保は、具体的にどういう形で実現できるのでしょうか？

日本の子どもは、義務教育で虐待の定義すら教わることがありません。虐待された時、誰に相談できるのかも知りません。それどころか、子どもの権利条約に明記された4つの権利をすらすら言える教師や校長、政治家、保護者も極めて珍しいです。

こうした惨状でも、子どもの意見表明権を守ろうと動き出している人たちはいます。

子どもの本音を聞き取り、児相の職員などの大人に対して子どもに随伴して代弁する役割をアドボカシー(advocacy)といい、代弁者をアドボケイト(advocate)といいます。

昨今では、こうした代弁による権利行使を普及させるために、子どもの声を聞く技術を学ぼうとする民間の団体が勉強会を開催しています。

イギリスのアドボカシーサービスについて現地調査をした熊本学園大学の堀正嗣・教授は、アドボケイトの具体的な役割をこう説明しています。

「アドボケイトの基本姿勢は徹底した傾聴。『私の役割はあなたの声を届けること』『秘密は守るよ』と伝えた上で、子どもがどんな経験をしたか、どんな気持ちか、何を望んでるか、などを聞き出す。子どもがうまく話せないときは、手紙や絵で表現してもらい意見形成を手伝う。

里親委託か施設入所か帰宅か、といった子どもの処遇を話し合う場には子どもと一緒に出席して意見表明を支えたり、『その説明では伝わらない。子どもに分かるよう言い直して』と大人たちに要求したりする」[*1]

他方、大人でも権利意識が乏しい日本では、自助や共助より公助としての制度を真っ先に頼りがち。すると、役人の声が子どもの声より優先されてしまいかねません。

そこで、堀教授は民間で市民がアドボケイトを担う必要を訴えています。

「(日本の)子どもは事実上の無権利状態。日本にもアドボカシーセンターのような第三者機関が必要だ。アドボケイトは一般市民の中から育てる必要がある。元教員や元ケースワーカーなどはあまり向かない。学校や児相のルールを知っているため無意識に子どもを言いくるめてしまう可能性があるからだ」

アドボケイトの実現には、収益化が課題

現実には、民間の子どもシェルターと関わる弁護士がアドボケイトを担当し、子どもの声に基づいた代弁によって親権者を説得することもあります。

しかし、必ずしも法律の専門家である必要はありません。

むしろ、子どもの気持ちを聞く前に大人の都合を押しつけることのない人、不安に揺れる子どもに信頼してもらえる高いコミュニケーション能力があり、制度だけでなく(第3章で紹介したような)

民間の社会インフラで子どもを救うための最新の知識を習得し、じっくり子どもとつきあう精神力や体力、時間を自己管理できる人が、アドボケイトに向いているでしょう。

いずれにせよ、子どもの本音に基づいて、彼らの望みに忠実に動こうとすれば、制度の壁が立ちふさがります。

たとえば、子ども3人を育ててきたひとり親家庭で、親が働けなくなってしまったのに頼れる親戚もおらず、子どもたちも「児童相談所の世話になりたくない」「家の近所の友達とも離れたくない」と切実に訴えてきたら、あなたがアドボケイトならどうするでしょうか？

シングルファーザーに性的虐待を受けてきた娘が、「児童養護施設や子どもシェルターに入るなんて絶対にイヤ。男の人のいるところは怖い。お父さんを警察へ突き出してよ。こんな忌まわしい家にいたくない。家出したい」と泣いて訴えてきた時、どういう知恵でその子の望みを実現するのでしょうか？

学校に入るのも辞めるのも、アルバイトをする時も、アパートを借りる際も、スマホを契約したくても、未成年者の場合、それらの権利行使には親権者の許可が必要です。アドボケイトは、親権者に子どもの切実な訴えを伝えるだけでなく、親権者からさまざまな許可を取り付けるためにねばり強く説得することになるのです。

親権者には、ヤクザもいれば、荒っぽい人もいます。うそつきもいれば、約束を平気で反故にする人も。児相の職員と交渉したくても、彼らは忙しくて十分な時間が取れないおそれがあります。

アドボケイトの実務は、想像以上に大変でしょう。

アドボケイトの普及には、「プロ」として仕事内容に見合う報酬が得られる仕組みが必要です。子どもや貧困家庭はお金を払えませんから、当事者負担のない形で適切な収益構造を作り出す知恵が必要です。

政府が「被虐待児は保護すればいい」という方針を変えなければ、児相に寄せられる虐待相談は今後も増え続けますから、件数に比例してアドボケイトが必要になり、十分な人員を養成しようとすれば、気の遠くなる年月と作業になります。

制度の壁は、他にもあります。

子どもの意見表明権を保障する取り組みの研究を続け、市町村の児童虐待の相談員を務めていたこともある大分大学助教・栄留里美さんは、こう証言しています。

「子どもは嫌がっているのに一時保護所に連れて行くということを経験したんです。子どもの安全を確保することはもちろん重要です。ですが、保護された後に子どもたち自身が苦情などの声をあげる仕組みが機能していません」[*2]

児相に保護されても、職員に子どもの権利について十分に説明されないまま、被害者の自分が悪いことをしたかのような錯覚を覚えながら、施設で渋々生活している子どもは珍しくありません。それゆえに施設から突然脱走したり、違法行為を平気でする仲間とのつきあいの中にしか安心と自由を感じられない子どももいます。

父母が2人だけで親権を独占するという日本の制度自体が、子どもから自立生活の権利を奪い、父母以外の多くの大人に気軽に養育されるチャンスも奪っているのです。そうした制度による支配を放置したまま、意見表明権だけを保障したところで、子どもが児相の職員に「きみの話は聞いた。しかし、制度上、きみの望みは叶えられない。施設に入るか、里親の家に行ってほしい」と説得されてしまう現実は変わりません。

良かれと思って子どもを保護し、守るつもりで不自由を与え、子どもを「法外」へと追いつめていることに気づかなければ、子どもの意見表明権は絵に描いた餅です。

もちろん、アドボケイトの必要性は十分にあります。しかし、子どもにとって最優先に必要なことは、子ども自身が自分に関わることを決められる権利（自己決定権）を行使できる法律への改正と、子どもに親権者を選ぶ権利を与える制度への抜本的な改革ではないでしょうか？

たとえば、子どもからの依頼を受けた弁護士には、相談料から訴訟費までの全額を国が負担するという制度を作れば、民事・刑事のどちらでも子どもを早めに救済することが容易になり、同時にそれ自体が親に対する虐待抑止策になります。そういう法律を政治家に提案することも、有権者のあなたにしかできないことなのです。

有権者として、議員へ要望のメールを送ろう

児相や一時保護施設は役所なので、法律と予算の範囲でしか動けません。

虐待する親や職員から子どもを守りたいなら、虐待した大人を矯正施設に送ったり、施設送りと同時に親権が一時停止になる法律を作ったり、そのための予算を議会で承認させる必要があります。

虐待した親が遠い町へ引っ越しをした後で子どもを殺した事例もあるので、虐待相談を受けた児相が案件のデータをすべてオンライン上に蓄積し、都道府県の枠を超え、どこの児相でも参照できるようにする必要もあるでしょう。これも、そのための法律と予算が必要になります。

また、児相は税金で運営されているので、内部の実態を知るために納税者の誰もが気軽に入れるようにすべきでしょう。「施設で保護されている子どもへの取材や視察は原則的に拒否しない」という法律を作れば、ふだん子どもたちがどのように職員に扱われているかがわかります。

日本の教育・医療・福祉・看護・介護は、「支援という名の支配」が基本姿勢です。子どもは学校と交渉する権利すら認められず、児童福祉の現場も「守ってやるから黙って従え」の方針で、子どもには職員と交渉する余地がありません。

精神科医やカウンセラーに子どもが虐待の被害を訴えても「信じられない」「親もきみのことを思って……」と言われて放置されたケースもあります。なので、子どもが虐待を訴えてきたら、その場で児相に通告する義務を徹底させる行政指導を医療機関に対して行うことも必要。これも、有権者が国会議員を動かさないと進みません。

実際、子どもを虐待した親には、児相が子どもを保護した時点で精神科の受診を義務づけてほしいです。そうした親にはすでに虐待という「他害」の事実があるのですから、医者は早めに知事に連絡し、緊急措置入院させてもいいはずです[*3]。

国民全員に虐待通告の義務があるという程度の知識は、医師国家試験の内容にも盛り込むべきでしょう。

こうした知識は、子どもにはありません。だからこそ、国会議員や地方議員に対して、児相を視察し、多様な市民の声も聴いたうえで、本当に虐待防止にとって必要な法案と予算額を考える超党派の勉強会を結成するよう提案するのが、民主主義社会における有権者の役割なのです。

法律に関する提案は、今日なら政治家の公式サイトからメールで送れますし、返事があるかどうかで、その政治家の子ども虐待に対する関心度がわかります。

ところが、議員へメール1通を送ることすらためらってしまう市民もいます。それは、私たち日本人の多くが、「大人が保護してやるから子どものおまえは黙って従え」という隷属を、家庭でも学校でも強いられながら育ってきたからです。

日本の子どもは小学校から高校まで、学校が一方的に決めて児童・生徒に強いる校則を、何の法的根拠もないのに無条件に守らなければならず、校則の内容について生徒会を通じて生徒どうしで意見集約をすれば、学校と対等に交渉できるという手続きを教えられることもありません。

そのため、自分の権利を主張することにも慣れていませんし、自治に基づく民主主義マインドも育てられていません。そんな非・民主的な教育環境に12年間も置かれながら、大人になって「自分の意見を表明しろ」と言われても難しいでしょう。

支配・被支配の関係を親や教師から強いられがちな日本の子どもには、「本音を言えば、罰せられる」という不安があるため、意見表明の権利行使を自粛するおそれすらあります。日本人が民主主義に目覚めるためには、教師が一方的に唯一の正解を与えるという教育スタイルも根本的に見直す頃合いかもしれません。

とくに、障がいや病気の程度によって学習能力があいまいで、自分の意見を正確に言葉で表現できない子どもと満足な意思疎通するには、それ相応のコミュニケーション方法が必要ですが、教師がそれを学ぶ余裕はありません。

医療技術が進歩し、次々に新しい障がいの属性が発見される今日の状況は、子どもの気持ちを読み取るアドボケイト役にとって大きな負担になります。しかも、レイプや性的虐待などの性に関する相談は、思春期の子どもにとってなかなか言い出しにくいもの。たとえ学校で保健室の先生に相談できても、それは文科省の管轄です。

虐待は厚生労働省の管轄ですが、虐待され続ける日々に耐えられずに親を刺した子どもの案件は法務省や警察庁の管轄になります。このように省庁がそれぞれ部分的に子どもの相談案件に対処すれば、意見表明権を行使したい子どもも、子どもの権利を守りたい市民も、法律を遵守させたい政治家も、役所間でたらい回しにされます。

山田太郎・議員の「子ども庁」構想

そこで興味深いのは、参議院議員・山田太郎さんが構想している「子ども庁」（仮称）。

山田議員は平成28年（2016年）2月に首相官邸へ赴き、子ども庁（仮称）の創設を骨子とする「社会擁護及び障がい者福祉に関する要望書」を、世耕官房副長官（当時）経由で安倍首相（当時）、菅官房長官（当時）へ提出しました。

山田議員が執筆したブログ記事によると、子ども庁とは次のようなもの。[*4]

子どもの虐待、子どもの貧困、子どもの機会の平等・教育の質の向上、待機児童と言った子どもに関する社会問題を総合的に解決することを目的とし、児童相談所、保育所、幼稚園、学校、福祉事務所、医療機関、里親、児童福祉施設、地方公共団体の窓口、警察の窓口、裁判所が各省庁連携できる仕組みを早急に構築し、情報共有を図る体制を構築する。

「私は6省庁を呼び、『国として、いったいどこの部署がこの児童虐待を総合的に扱っているのか』何度も何度も詰め寄りました。しかし、内閣府、文科省、総務省、厚労省、法務省、警察庁それぞれの担当部署については、残念ながらどちらの部署も断片的に児童虐待や子どもの問題を扱ってい

て、結局のところ総合的に情報を集めリーダーシップを取ってまとめあげる省庁は、なかったのです」（山田議員の同記事より）

子ども庁が誕生すれば、虐待や貧困、いじめやレイプなどに困っている子どもに関するすべての情報が子ども庁内に集約されるため、国から児相や少年院などの子どもの相談現場へ指導・通達が一斉になされ、同時に教育・保護・養護・更生・医療などさまざまな現場から国への情報収集・分析が速やかに行われるようになるでしょう。

それなら、子ども自身のニーズを今よりもっとハッキリと知ることができるでしょうし、意見表明権はもちろん、その他の子どもの権利の法的保障も進むかもしれません。

逆にいえば、日本ではまだ子どもを守る制度が完璧とはいえない状況なのです。

たとえば、平成22年（2010年）、長崎県のある女児が、母親に肩をライターで焼かれたり、ハイヒールで顔を叩かれていました。

治療した病院の連絡を受けた児相は、母親を呼んで指導を始めたものの、母親は2回しか姿を見せず、児相はそのまま指導を終了。長崎新聞によれば、母親はパチンコに夢中で、帰宅は深夜。食事も入浴も不十分で、自宅はゴミ屋敷。異変に気づいた父方の祖母が児相に相談しても、「証拠がない」と相手にされなかったそうです。

女児は平成26年（2014年）、母方の祖母に髪をつかまれて1メートルも引きずられました。このことを知った学校関係者の連絡で、関係機関が対応を協議する「要保護児童対策地域協議会」（地域協議会、要対協などと略される）が開かれ、出席者の多くが一時保護を要請。

それでも、児相が応じなかったため、女児の親類が弁護士に相談し、「未成年後見人」となった弁護士の判断で提訴することになったのです。

平成27年（２０１５年）、10歳になったこの女児は、「実母と祖母から虐待を受けたのに、児童相談所が適切な措置を取らなかった」として、長崎県を相手取り、慰謝料50万円を求める訴訟を長崎地裁に起こしました。[*5]

民事訴訟法第31条により、未成年者は原則として1人で訴訟行為をすることはできません。しかし、子どもの法定代理人がいれば、子どもの訴えを提起できます。

法定代理人は親権者がなるのが通常ですが、親が死亡した場合や親から虐待を受けた場合などは、未成年者の親族や利害関係人からの申し立てを受け、家庭裁判所によって未成年後見人が選任されることがあるそうです。

この10歳の女児の場合、児相が責任を追及されていますが、施設や里親による社会的養護を担う児相が敵になったら、親権者に頼れない子どもはどこで安全に暮らせるのでしょうか？

日本には、親権者と児相の2者以外に子どもの生活拠点を決められる法的権利を持っている存在はありません。おそらく親族の家で一時的に生活しながら、家裁で親権制限の審判を速やかに行い、成人になるまで10年の安全を確保するしかないでしょう。

だからこそ、虐待が起こったら、子どもを保護するのではなく、親を矯正施設に入れて親権を制限し、同時に子どもが養育者を選択・追加・排除できる権利を持たせる「親権フリー&シェア」へ制度を変えない限り、子どもを虐待から守れないのです。

古い法律のままでは、子どもを守れない

子どもを守る法律はいくつかありますが、まず児童福祉法を見てみましょう。どれほど古い発想のまま制度が見直されていないかが、わかります。

児童福祉法　第34条

何人も、次に掲げる行為をしてはならない

1　身体に障害又は形態上の異常がある児童を公衆の観覧に供する行為

2　児童にこじきをさせ、又は児童を利用してこじきをする行為

3　公衆の娯楽を目的として、満15歳に満たない児童にかるわざ又は曲馬をさせる行為

4　満15歳に満たない児童に戸々について、又は道路その他これに準ずる場所で歌謡、遊芸その他の演技を業務としてさせる行為

4の2　児童に午後10時から午前3時までの間、戸々について、又は道路その他これに準ずる場所で物品の販売、配布、展示若しくは拾集又は役務の提供を業務としてさせる行為

4の3　戸々について、又は道路その他これに準ずる場所で物品の販売、配布、展示若しくは拾集又は役務の提供を業務として行う満15歳に満たない児童を、当該業務を行うために、風俗営業等の規制及び業務の適正化等に関する法律（昭和23年法律第122号）第2条第4項の接待飲食等営業、同条第6項の店舗型性風俗特殊営業及び同条第9項の店舗型電話異性紹介営業に該当する営業を営む場所に立ち入らせる行為

5　満15歳に満たない児童に酒席に侍する行為を業務としてさせる行為

6　児童に淫行をさせる行為

7　前各号に掲げる行為をするおそれのある者その他児童に対し、刑罰法令に触れる行為をなすおそれのある者に、情を知つて、児童を引き渡す行為及び当該引渡し行為のなされるおそれがあるの情を知つて、他人に児童を引き渡す行為

8　成人及び児童のための正当な職業紹介の機関以外の者が、営利を目的として、児童の養育をあつせんする行為

9　児童の心身に有害な影響を与える行為をさせる目的をもつて、これを自己の支配下に置く行為

児童福祉法　第60条（罰則）

第34条第1項第6号の規定に違反した者は、10年以下の懲役もしくは300万円以下の罰金に処し、又はこれを併科する

2　第34条第1項第1号から第5号まで又は第7号から第9号までの規定に違反した者は、3年以下の懲役若しくは100万円以下の罰金に処し、又はこれを併科する

3　第34条第2項の規定に違反した者は、1年以下の懲役又は50万円以下の罰金に処する

4　児童を使用する者は、児童の年齢を知らないことを理由として、前3項の規定による処罰を免れることができない。ただし、過失のないときは、この限りでない

5　第1項及び第2項（第34条第1項第7号又は第9号の規定に違反した者に係る部分に限る）の罪は、刑法第4条の2の例に従う

罰金が300万円程度なら、現代では預貯金ですぐに払える人もいれば、借金をしても容易に払えます。子どもを虐待する大人には、いつもやけっぱちな気持ちでいる人が珍しくありません。その人が「いざとなれば、金でカタをつければいい」と居直ったら、誰かに発覚・通報されるまでは平気で虐待を続けるでしょう。

あまりにも自然に行われている「子ども差別」

次に、児童虐待防止法を見てみると、第14条第2項に「親権者だからといって刑法の暴行罪等の責任を免れることはない」とあります。親権者が子どもに暴力を振るえば暴行罪、傷害罪などの刑

法上の罪の容疑で逮捕される可能性があるのです。

次のような罪でも、子どもは親を警察へ訴えることができます。

▽脅迫罪：「殺すぞ」「殴るよ」「言うことを聞かなければ死んでやる」と脅迫した場合
▽恐喝罪：親が暴行や脅迫で金などを要求した結果、子どもがそれに応じた場合
▽窃盗罪：親が子どもの財布からお金をくすねるなどの盗みを働いた場合
▽名誉毀損罪：子どもの地位や立場を脅かすようなうそを周囲に吹聴した場合
▽迷惑防止条例違反：家族が子どもを24時間監視したり、つきまとった場合

そのため、児童虐待防止法には虐待行為自体への罰則はなく、罰則規定は第17条の「接近禁止命令に違反した場合に処罰される」の1つだけ。

「接近禁止命令」とは、施設に保護されている子どもと面会等をすることを制限されている保護者に対して、つきまといなどの行為を禁止する命令（第12条の4）。この命令に違反すると、児童虐待防止法違反の容疑で逮捕される可能性があります。

他にも、自治体では青少年健全育成条例で未成年との淫行などを禁じてはいますが、容疑者は20日間ほど拘留され、初犯なら30～50万円程度の罰金で済むことが多いようです（複数回の行為について立件されると、起訴され、裁判に）。

子どもの命は、この国ではあまりにも安いのです。

もっとも、子ども虐待の主な加害者は親ですから、親に子どもを虐待させない仕組みを作る際のポイントは親権になります。親権者は、親権を濫用することで子どもを虐待しているのです。

つまり、子ども虐待防止にとって最優先の課題は主に2つ。ひとつは、家庭裁判所の裁定を待たずに親権を制限できる権利を子どもに与えること。もうひとつは、子どもが法的に保障されている自分の権利を具体的に学べる機会の提供です。

子どもは、自ら望んで親と契約して親権者に従う身分になったわけではありません。結婚していない恋人どうしは、別れる際、裁判に訴えなくても自由に別れられます。これと同様に、子どもが安心してつきあうことができない養育者を排除する権利を持つのは、当たり前のことではないでしょうか?

親は、自分の子どもを赤ちゃんポストに預けることもできれば、里子に出すこともできます。なのに、子どもにはそうした扱いを拒否する権利すらなく、ただ説得されるだけという関係は、「すべて国民は、個人として尊重される」(第13条)と明記された日本国憲法に明らかに違反しています。

子どもの尊厳を大事にする文化がない日本では、今日でも子ども差別があまりにも自然に行われているのです。

少しでも生意気を言おうものなら「ガキ」と呼ばれ、中学生を対象にした「ちびっこ大会」は大人に問題視されないまま全国で続いており、大津波が学校を襲っても教師が命じるとおりに避難するしかないため、不本意にも命を落とした子どももいました。

「すべて国民は法の下に平等であって、人種、信条、性別、社会的身分又は門地（※家柄）により、政治的、経済的又は社会的関係において差別されない」（第14条）とする憲法の条文が、むなしく響きます。

だからこそ、親権を制限できる権利を子どもに与えることと、子どもが自分の権利を具体的に学べる機会の提供の実現に、資金・時間・労力を最優先で投入しなければ、救える命も救えないのです。子どもを支配したり、所有したいために親権を濫用する人がいる以上、子どもの権利を拡張しない限り、親権者から一方的に虐待される現実は、変わらないでしょう。

それなのに、国政では親権改革に関して頭の痛い問題が浮上しているのです。

離婚後の共同親権は、子どもを苦しめる

現在の民法は、離婚後は父母のどちらかを親権者とする「単独親権」を採用しています。

しかし、親権を失った親が夫婦別居後に養育に関わりにくくなり、子どもとの交流を絶たれることなどを根拠に、離婚後の共同親権の立法化を訴える声が、平成30年（２０１８年）頃から政界でもＳＮＳでも盛んになりつつあります。

平成26年（２０１４年）３月、超党派の「親子断絶防止議員連盟」が設立され、平成30年（２０１８

年）2月に「共同養育支援議員連盟」に改称。こうした動きを受け、法務省は令和元年（２０１９年）、導入の是非などを議論する研究会を立ち上げました。

では、司法の判断はどうでしょう。「離婚後の単独親権は法の下の平等を定めた憲法14条に違反する」として40代男性が子どもの共同親権を求めた訴訟の上告審では、最高裁は平成31年（２０１９年）2月28日、この上告を棄却する決定を出しました。

また、令和2年（２０２０年）2月、ひとり親世帯などの支援を行う「シングルマザーサポート団体全国協議会」が共同親権の法制化に慎重な議論を求める1万０７０８人分の署名と要望書を森まさ子・法相（当時）に提出するなど、反対の声も上がっています。

もっとも、親権をめぐる単独・共同の議論では、離婚によって生育環境の変化に対応しなければならない当事者である子どもの言い分は、有権者ではないために改正案に反映されません。それどころか、マスコミ報道でもイベントでも親の立場だけの議論ばかり。まるで「子どもは黙っておけ」と言われているような状況です。

このまま議論を進めていっていいのでしょうか？

親権とは、未成年者の子どもを監護・養育し、その財産を管理し、その子どもの代理人として法律行為を行う義務であり、権利（※監護とは子どもと一緒に生活をして日常の世話や教育を行うこと）。

これを子ども視点で読み直すなら、どんなに恐ろしい親権者であろうと毎日その人の命令に従わざるを得ず、自分が大事に貯めた貯金や趣味のグッズなどの財産も管理され、自分の代理人として法律行為を勝手に進められてしまう危険もあるということ。

親権を濫用されることで苦しめられる子どもには、抵抗のすべはないのでしょうか。

裁判所は、子どもの監護者の指定、その他の子どもの監護に関する処分についての裁判、または前項の親権者の指定についての裁判をする際は、子どもが15歳以上なら、その子の陳述を聴かなければなりません（人事訴訟法32条4項）。

ＤＶ防止法でも、子どもへの接近禁止命令は被害者本人に対する接近禁止命令と同時に申し立てますが、子どもが15歳以上なら申立てに子どもの同意が必要です。

また、判例上は、10歳以上なら意思を表明する能力があるとして子どもの意思が尊重され、10歳未満が意思を表明するならその真意がより慎重に判断されるべきと考える人は少なくありません。

さらにいえば、日本が批准した児童の権利に関する条約（子どもの権利条約）の第12条では、締約国に以下のルールを課しています。

▼自己の意見を考えて言える子どもが、自分に影響を及ぼすすべてのことについて自由に自分の意見を表明する権利を確保する

▼子どもは、自分に影響を及ぼすあらゆる司法上および行政上の手続きでは、国内法の手続き規則に合う方法によって、直接に、または代理人（もしくは適当な団体）を通じて聴取される機会を与えられる

日本では、この条約に基づいて国内法が万全に整備されているとはいえません。

共同親権を進めたいなら、親権制限を請求できる権利が子ども本人にもあると教えることを親権者に義務づけることも法律に盛り込んでいいはずです。

現行法のままなら、離婚後の親権者は父母どちらか1人になるため、子どもにとっては自分を虐待するおそれのある存在が減ることになります。なので、親権者を2人のままにする共同親権が導入されるとしたら、子どもの立場を救済できる仕組みを法案に盛り込むことが不可欠でしょう。

子どもの意見表明権を大事にするなら、親の権利を守るのと同じ程度に子ども側のニーズをふまえて制度設計をするはずです。

子どもの安全は親どうしの関係とは別？

そこで私は令和2年（2020年）4月に、東洋経済オンラインのフリー記者として、令和元年（2019年）の参院選で離婚後の共同親権を公約に掲げた日本維新の会と、同党でこの運動に動いている串田誠一・衆議院議員に取材を申し込んでみました。

しかし、期限までに返事がありませんでした。

そこで、共同親権を推進する民間団体にも打診すると、「子どもの安全は親どうしの関係とは別個に守られるべきもの」との回答がありました。[*6]

「子どもファースト」で親権制度を見直すなら、両親の離婚を経験した当事者や、虐待されて保護された未成年者などから広く意見を聞く機会を設け、大人になった虐待サバイバーに対しても全国調査を試みるのは、子どもの意見表明権を守るなら最低限必要な手続きのはず。

それすらしないまま離婚後まで親権を持ちたがるなら、子どもがＤＶによる悪影響を受ける「不都合な現実」から目をそらしていると言われても仕方ありません。

離婚後も両親に親権があると、子どもは2人の許可を得なければ物事を進められません。離婚した両親が子どもの養育の方針だけ意見が完全に一致することは望みにくいので、子どもが進路選択をする時や高い買い物をする時などでは、いちいち両親の意見の食い違いの間で悩み苦しむことになります。

両親が夫婦関係を解消すること自体が子どもにとっては悩ましいことなのに、離婚後まで親権者が2人のままになれば、養育・教育の方針すら一本化されなくなり、将来設計の不安も高まってしまいます。

最悪の場合、親権者2名に虐待されることがあれば、児相に保護されても2人の親権者からそれぞれ自分の家に帰るように説得されかねず、右手は母親に引っ張られ、左手は父親に引っ張られる構図になり、悩みは延々と続きます。

児童相談所長（または都道府県）が子どもを保護する際、その子の親権者が反対しても、児相側の訴

図表4-01｜児童福祉法28条1項事件の容認原因（虐待などの態様 平成30年）

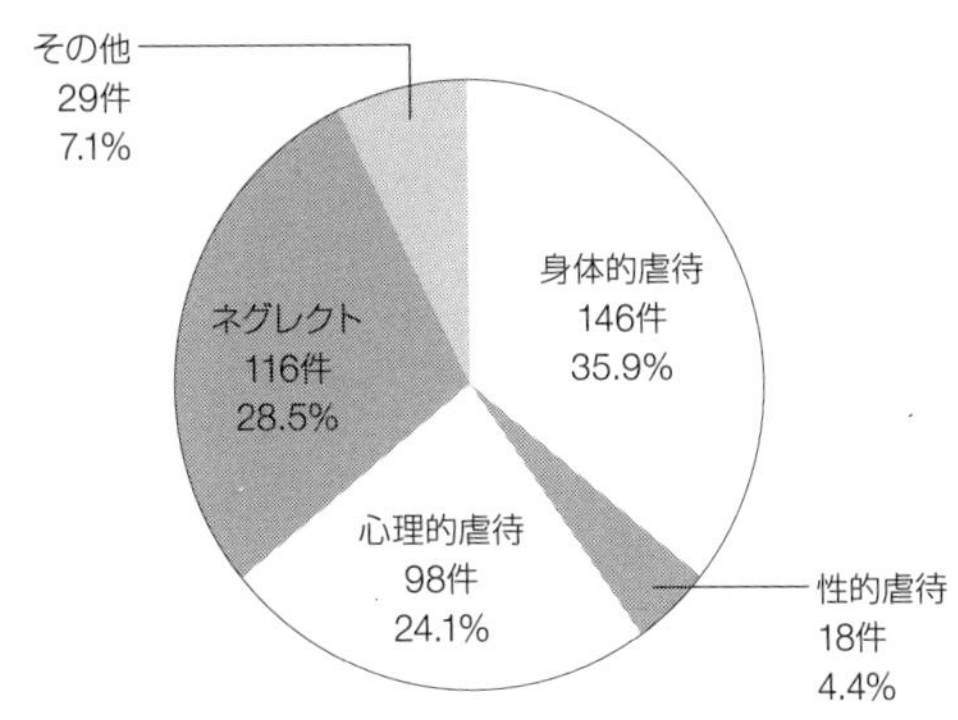

注1）その他には、親権者の所在不明等が含まれる。
注2）同一事件について、複数の容認原因が存在することがある。
*7資料より

えが家庭裁判所に認められれば保護できます。この子どもの身柄に関する児相VS親権者の争いを、「児童福祉法28条1項事件」といいます。

児相側が家裁に訴えを認められたケースの理由の内訳を見ると、平成30年（2018年）では9割以上が虐待でした[*7]［図表4-01］。

「子どもファースト」ではない離婚後の共同親権が、このまま広く一般に受け入れられていいわけがありません。ニュースで共同親権の法案が話題になったら、SNSやブログなどで反対の声を上げましょう。

万が一、この法案が国会で承認されると、子どもは離婚後も両親の争いによって心が壊れてしまいかねません。その苦しみは、まぎれもなく有権者の私たちの無関心の結果です。

この件については、『離婚後の共同親権とは何か 子どもの視点から考える』（梶村太市・長谷

図表4-02

川京子・吉田容子・編著／日本評論社）という本も、読んでみてください[*8]［図表4-02］。

「離婚後の共同親権」を訴える議員がいたら、選挙の際にきっちり落としましょう。公約に虐待防止策を発表できない立候補者は、もちろん論外。彼らが路上で演説している時は、子どもの権利条約が示した次の4つの子どもの権利を質問してみてください。おそらく、ほとんどの立候補者はしどろもどろになるでしょう。[*9]

▽生きる権利（すべての子どもの命が守られること）

▽育つ権利（もって生まれた能力を十分に伸ばして成長できるよう、医療や教育、生活への支援を受けることが保障され、友達と遊んだりすること）

▽守られる権利（子ども自身や親の人種、性別、意見、障がい、経済状況などどんな理由でも差別されず、暴力や搾取、有害な労働などから守られること）

▽参加する権利（自分に関係のある事柄について自由に意見を表したり、団体を作ったりできること）

「親への手紙」の朗読会を、あなたの地元で

虐待防止に関する知識がまったくなくても、虐待防止策を作ったり、実践することは難しいことではありません。

大人は全員、かつては子どもだったのですから、子どもの頃に大人にされて切実にイヤだったことを思い出し、「それをしないで」と声を上げること自体が、子どもを守る空気を作り出す具体的なアクションなのです。

そして、大人になっても「切実にイヤだったこと」をはっきりと覚えているのは、子どもの頃に虐待された苦しい記憶の傷がまだ癒えない虐待サバイバー当事者です。

そこで私は、被虐待の体験を「親への手紙」形式で書き、人前で朗読できる人を公募し、「親への手紙★公認朗読者」（以下、公認朗読者）として認定、イベントに招かれるのを支援するプロジェクトを始めています。[*10]

公認朗読者になりたい方は、『子ども虐待防止の朗読会を、あなたの街で』というホームページから応募し、「親への手紙」を書いてください。その原稿をプロの編集者である私が編集し、どこで話しても誇れる内容に仕上げます。その後、そのホームページにあなたの名前（※筆名ＯＫ）や簡単なプロフィール、連絡先、朗読の受注条件などを公開できます。

このプロジェクトでは、都道府県それぞれに数名の「公認朗読者」を認定し、最終的に全国で

100人の虐待サバイバーが地元のイベント開催団体から出演を依頼されるようにします。応募者には原稿の推敲代金はかかりますが、いざ朗読の発注があった際にサイトを通じての仲介手数料はいただきません。

親に虐待された過去は、人生の長い時間ずっと苦しみ続けることから、「負の遺産」として語られがちです。でも、深刻な親子関係をなんとか生き延びるために学んできた知恵や、生き残ってきた勇気は、今まさに虐待家庭から避難したい人や虐待防止策を学びたい人にとって、お金を出すだけの価値あるものです。

研究者や専門家が気づかず、虐待されてきた人にしかわからないこうした価値を、私は「当事者固有の価値」と呼んでいます。公認朗読者を招く場合、1万円程度の謝礼と会場までの往復交通費が必要ですが、総額でも2万円以内で収まります。

地元のカフェで開催する場合、1杯500円のドリンク代+参加費1000円（合計1500円）を参加者が負担すれば、20人を集めれば、赤字になりません。

開催日の1か月以上前から、子どもの通う学校の担任教師・養護教諭、PTA会員、市議会議員、友人などをメールで誘い、ブログにイベントの日時と場所を告知する記事を書いてツイッターなどで拡散すれば、20人程度の参加予約は意外とすぐに集まります。

「子ども虐待防止策イベント」を開催しよう

こうした小さなイベントの開催を試みたり、地元の公民館などで『日本一醜い親への手紙』の朗読会を毎月開催してみると、地域で孤立している虐待サバイバーどうしの助け合いの輪を作り出せるチャンスになるだけでなく、朗読会の参加者自身が虐待防止のために何ができるのかを少しずつはっきりと自覚できるようになります。

私も、2017年に一般市民から招かれる形で虐待防止に関するノーギャラ講演会を全国18か所で行いました。2018年は講演に加え、虐待サバイバー数名による「親への手紙」を朗読するイベントの開催を呼びかけたところ、全国11か所の地元市民が運営グループを作り、開催費をネット上からの寄付で賄うことで実現できました。

2019年は、講演会・朗読に加え、地元の政治家も集めて虐待防止策をさまざまな市民と議論する「子ども虐待防止策イベント」として、ネット上から全国の市民に地元開催を呼びかけ、開催マニュアルを公開しました。

1回の開催費は、会場費やチラシ代などを含め、約20万円。各地の運営グループは、それをネット上からの寄付や、自治体・企業の助成金などで調達します。

すると、東京（江戸川区）・東京（町田市）・愛知・大阪・福岡の全国5か所の市民が開催を実現。どこの会場でも5人以上の政治家（町議・市議・県議）が参加し、国会議員も含めて5か所で合計39名も集まりました。それぞれの会場の定員は50人ほどでしたが、どこも満席にできました。

この「子ども虐待防止策イベント」を通じて、参加した市民は政治家がどれほど子ども虐待の深刻さについて知らないかを思い知ったのです。後日、私は会場で出会った政治家とフェイスブックでつながり、虐待サバイバーたちから聞き取った防止策をまとめては伝えています。伝えることで、政治家は議会に政策として提案できるからです。

2019年に大阪で開催された「子ども虐待防止策イベント」は、YouTubeに公開してあります。また、同年末には、前述した山田太郎・議員が私の住む千葉県市原市を訪れ、「親権フリー&シェア」制度を含む新しい虐待防止策について学んでいきました。

私がイベントで集めていた被虐待の当事者のニーズを、山田議員は政策として実現しようと動き出したのです。このように、当事者の声を大事にする政治家がいることは、各地の市民がイベントを開催する価値を確かなものにしてくれます。

「子ども虐待防止策イベント」は、たった1人の市民が私にメールし、数名の運営スタッフを地元のカフェに集めるところから始まります。3人も集まれば、各自がそれぞれ仲間を誘えば、スタッフは6人以上に増え、数か月で開催を実現できるのです（開催マニュアルは、私のブログで詳細を公開しています）。

「公認朗読者」を招いた朗読会や「子ども虐待防止策イベント」は、企業や宗教団体、青年会議所、大学などがSDGsやCSRの活動として運営すれば、毎日の仕事を通じて虐待防止策になる仕事を生み出すチャンスにもなります。

たとえば、子どもが毎日使うトイレットペーパーや学習ノート、筆記具などのメーカーなら、子どもでもできる裁判の手続きや189の通報ダイヤル、児相までの地図など、虐待防止になる知識を印刷した新商品を開発できるでしょう。

ゲーム業界なら、虐待家庭から安全に自主避難(=家出)するための知識や知恵が身につくシミュレーションゲームや、合法的かつ経済的に自立できるように広告アイテムを自由に作っていつでも換金できるオンラインゲームをいち早く商品化すれば、新しいゲーム市場を独占的に開拓できます。

フランスでは、ゲーム内のキャラクターと会話することで、ユーザーが自分の抱えている問題について相談できる仕組みを作りました。オレンジリボン運動などまったく関心がない子どもでも、いつも親しんでいるゲームを通じて虐待相談ができれば、日に日にエスカレートする虐待から早めに救われます。

このような虐待防止になる商品・サービスの開発について、私はメールで相談をいつでも受け付けています(巻末の著者紹介の欄をご確認ください)。

他にも、子どものカウンセリングを無料化したいと考えており、そのために企業などからの寄付を集めて基金を立ち上げる人材も募集しています。[*11]

子どもは、自分が親にされていることが「虐待」だとなかなか気づけません。プロの臨床心理士や公認心理師のカウンセリングを気軽に受けられるなら、虐待で傷ついた気持ちを早めに癒せたり、必要な知識を提供できるだけでなく、児相へ通報もしてくれます。

しかし、カウンセリングは医療行為ではないので保険証による割引はなく、相談料は1回1時間

3000円から1万円もするため、子どもは相談できません。そこで、未成年のクライエント(来談者)の相談料を肩代わりできる基金を作り、基金からカウンセリンググルームへ料金を振り込める仕組みを作りたいのです。

これは一生をささげるだけの価値ある仕事ですが、私はこの本を執筆時点ですでに55歳。体力的にあきらめざるを得ません。あなたが今の仕事以上に価値ある仕事がしたいなら、「子どもカウンセリング基金」を立ち上げてください。相談に乗ります。

映画『沈没家族』の上映会をやってみよう

「虐待から子どもを守る」という文化(価値基準)を社会に生み出し、根づかせていくには、1人でも多くの方が自分にとって無理なくできる小さなアクションを積み重ねていくことが重要です。

その小さなアクションは、もう全国各地で始まっています。ほんの一部を紹介します。

自身も虐待サバイバーでありながら、わが子への虐待を反省したいと考えた兵庫県在住の野添まゆ子さんは、令和元年(2019年)から地元のカフェで「毒親短歌お茶会」を主催しています。このお茶会では、「毒親」を描いた短歌を披露しながら、カジュアルに子ども虐待を語り合えます。参加費は、自分の飲物代と資料のコピー代だけ。

SNS上で参加を呼びかけながら、少人数の虐待サバイバーの当事者を中心にカフェや公民館などに集まり、『日本一醜い親への手紙』などの虐待関連本を参加者どうしで読み上げるこうしたお茶会は、全国各地にじわじわと増えつつあります。

「自分も親に虐待されてきたように思うけど、自信がない」と感じている人にとって、自助グループやカウンセリングに足を運ぶより気軽に参加できるのが魅力です。

平成30年（2018年）、webデザイナーの浅色ミドリさんは、虐待サバイバー当事者として「毒親アートフェス」という展示会を名古屋の小さな画廊で企画・開催。「虐待サバイバーのための、一歩を踏み出すアートの公募展」で、イラスト・書道・写真などのさまざまなアート作品を募集し、展示しました。[*12]

翌年は愛知芸術文化センターで10月8〜14日に開催され、3年目になる令和2年（2020年）も同センターで実施。また、過去の応募作品を展示したい団体からの依頼や、運営費への寄付も受け付けています。

「このアートフェスは、自発的に絵を描いて送ることをこの企画の成功と考えています。うまいか下手だとかを気にする必要はなく、特別な技術や知識も必要としません。医師からは『アートセラピーの効果も期待できる』とご意見いただきました」（浅色さん）

東京では、虐待によるトラウマで闘病中の田中ハルさんが、「虐待サバイバー写真展」を平成30年（2018年）からweb上で展開しています。[*13]

虐待サバイバーの被写体を公募し、15人を撮影してきた作品です。令和元年（2019年）11月には、それらを印刷した写真展を浦和駅東口前「コムナーレ」などで開催。虐待されても必死に生き延びてきた人が、顔をさらし、見る者に手を差し出している姿は、苦しみと日々戦っている多くの被虐待者に「自分が選べる未来」を感じさせます。

このように、アートを通じて子ども虐待の現実を伝える方法は豊かにあります。『日本一醜い親への手紙』を原作にした朗読劇や映画を作ってもいいでしょうし、子ども虐待や子育てに関するドキュメンタリー映画を製作したり、テレビ局に頼んで自分が感動した番組の上映会を開催するのもいいでしょう。

1990年代の後半、自分の子どもをいろいろな大人に育ててもらうことを試みた女性が、東京・東中野にいました。シングルマザーの彼女は、電柱にチラシを貼って子育てを助けてくれる人を公募したのです。すると、30歳前後の男女が集まり、毎日代わりばんこに育児日記をつけ、小さな男の子の面倒を10歳まで無償で見てくれたのです。

子育ての担い手を増やせば、増やせた分だけ1人あたりの負担は最少化します。各自の負担を軽くすれば、みんなが子育てを楽しめることになります。たくさんの「親」に育てられる子どもは、こっちの「親」に叱られて泣いても、あっちの「親」に慰められるので、ストレスが蓄積せず、おおらかに育ちます。

そのように育てられた少年はやがて大人になり、ドキュメンタリー映画『沈没家族』を監督しました。自分の生い立ちにかかわってくれた大人たちにカメラを向け、感謝の気持ちを表したのです[*14]

〔図表4-03〕。

あなたがもし、小さな子どもと2人だけで暮らし、やりたいこともできず、息の詰まる暮らしをしていたら、「子育てを手伝って」という声を上げていいのです。この社会は、捨てたものではありません。

『沈没家族』に登場するひとり親の母親は、学校に通い、生活のために働き、子育てもしなければならない切羽詰まった境遇でした。そのため、親権を独占することで苦労まで独占するバカバカしさにつきあっていられなかったのかもしれません。

彼女は実質的に、私の提案する「親権フリー&シェア」をとても自然に実現させているように見えました。お金や制度が不自由でも、自分にとって必要な仲間を探し、互いに助け合える仕組みを

図表4-03

作り出す方が、困った時に一番安心して頼れるのです。

『沈没家族』は、公式サイトから上映会の依頼を受付中。1日に何回上映しても、基本上映料は5万円（税込）。観客から入場料を受け取っても無理なく上映会を開催できますが、ネット上から寄付を集めても十分に開催費を調達できる額面です。

他にも自分ができそうな活動を探したい時は、私が2017年から始めている『STOP！子ども虐待100プロジェクト』のホームページを見てください。[*15]

第5章

虐待サバイバーのニーズをふまえた制度改革へ

障がい者、LGBTに続く「当事者運動」の第三の波

平成18年（2006年）に可決、成立した「高齢者、障害者等の移動等の円滑化の促進に関する法律」（通称バリアフリー新法）によって、利用頻度の高い駅などにエレベータやエスカレータが設置され、車いすでは移動できない段差はわずかながら減り、見事に「健常者前提」の風景を変えました。

この法律には、こう書かれています。

「国は、高齢者、障害者等、地方公共団体、施設設置管理者その他の関係者と協力して、基本方針及びこれに基づく施設設置管理者の講ずべき措置の内容その他の移動等円滑化の促進のための施策

の内容について、移動等円滑化の進展の状況等を勘案しつつ、関係行政機関及びこれらの者で構成する会議における定期的な評価その他これらの者の意見を反映させるために必要な措置を講じた上で、適時に、かつ、適切な方法により検討を加え、その結果に基づいて必要な措置を講ずるよう努めなければならない」(第4条)

つまり、バリアフリー法の基本構想や施策を作る際に、この法律の恩恵を受ける当事者である「高齢者、障害者等」が参加・検証し、市町村に対して基本構想・施策の作成・見直しを提案できるようになったのです。

当事者を交えて制度の段階的・継続的な発展を図っていく「スパイラルアップ」(継続的な改善)を国と地方自治体の責務としたことは、長らく「当事者不在」のまま官僚と有識者によって勝手に進められてきた制度設計を、「当事者主体」による制度設計へ近づける革新的な変化でした。

このように、当事者が制度改革の提案に参加することを法的に保障することで当事者満足度の高い政策を実現するシーンは、他にもあります。

東京都渋谷区で平成27年(2015年)に成立、施行された通称「同性パートナーシップ条例」は、LGBTと総称される性的少数者自身がそれを求めることによって、全国の自治体にも急速に拡大していきました。令和2年(2020年)10月12日の時点で、札幌市・大阪市・千葉市・那覇市など全国60の自治体が同様の条例を導入しています。

こうした「当事者運動」の第三の波が、親から虐待された当事者(被虐待児や虐待サバイバー)自身による虐待防止策の根本的な改革です。

障がい者も性的少数者も、当事者が当事者ではないアライ（共感者）を味方にすることで、当事者自身のニーズに基づく政策を実現してきました。それには、既存の法律では救われずにきた自分の苦しみを、より多くの人に伝えていく必要がありました。

親に虐待され、傷つけられてきた記憶を思い出すことも、「本当は親に愛されていなかったのだ」と認めることも、当事者にとっては大変つらいことです。それでも、そのつらさを乗り越え、勇気を出して声を上げ始める被虐待児や虐待サバイバーは、1人また1人と増え続けています。

父親に日常的にレイプされたり、母親から一方的に頬をぶたれたり、両親に新興宗教の施設で暮らすことを強いられてきた経験をうちあけることは、好奇のまなざしにさらされることでもあります。当事者がどれだけの勇気をふり絞って被害を告白するようになったのかを、想像してみてください。

ネットの片隅で声を上げ、『日本一醜い親への手紙』に投稿し、「公認朗読者」として人前で自分の経験を語る人も続々と増え続けている今、虐待されてこなかった人も、虐待サバイバーが勇気をふりしぼって語る告白に耳を傾けてほしいです。

私は、SNSや講演会、「子ども虐待防止策イベント」の議論時間などで「子どもの頃に切実にほしかったものは何？」と問いかけ、数多くの回答を集めてきました。そして、その回答こそ、親に虐待された当事者が求める虐待防止策そのものだったのです。

彼らの声が今後の虐待防止策に反映されるよう、当事者ニーズの高かったものの一部をお伝えします。

虐待による医療費は、すべて親の負担へ

親に虐待されて精神病を患ったのに、治療費を子ども側が自己負担していることは珍しくありません。成人してから何十年も自腹で医療費を払っている人すらいます。

わざとではない交通事故の過失ですら、被害者が自己負担することはあり得ません。虐待の被害者がいつまでも自己負担を強いられ続ける現実に対して、一刻も早く法律による救済が必要です。

たとえば、親による虐待に起因する病気・障がいである場合、その旨を医者が診断書に明記し、診断書とレセプト（診療報酬明細書）の2点を患者に発行することを法律で義務づけ、患者はこの2点を役所に提出すれば、自己負担してきた医療費の全額が市役所で即日返金される制度を作るのはどうでしょうか？

自治体はその金額と今後の医療費を親に請求し、役人が取り立てに行きます。それでも加害者の親が不払いを続ける場合、民間の金融会社に督促・回収の事業を委託するか、「医療費未納税」として課税したり、親の資産を差し押さえる条例を作るといいでしょう。

これと似た例は、兵庫県明石市で試みられ始めています。

DVの被害を受け続ける恐怖から、離婚を急ぐあまり、養育費について何も約束しないまま別れる人もいれば、子育てと仕事による多忙ぶりから「不払いも仕方ない」と泣き寝入りしてやむなく生活保護を受給する人もいます。

そこで明石市では、離婚後に養育費の不払いがあったら、市が業務委託した保証会社がひとり親家庭に不払い分を立て替えて支払い、別居親に立替分を督促して回収する全国初の「養育費立替パイロット事業」の試行を、平成30年（2018年）11月から実施し始めました。[*1]

養育費の不払いは、子どもの食費や医療費などを出さないのと同じなので、育児放棄という虐待に相当する悪質なもの。不払いが続いた時点で虐待事件として別居親を逮捕し、その資産を差し押さえできるよう、青少年健全育成条例に追加してもいいぐらいです。

なお、元配偶者の財産の差し押さえがしやすくなる改正民事執行法が令和元年（2019年）5月に成立、令和2年4月1日から施行されています。[*2]

確定判決などに基づいて地方裁判所に申し立てれば、相手の預貯金の口座や勤務先の情報を、金融機関や市町村などから取得できるようになったため、差し押さえがしやすくなりました。

また、養育費に関する取り決めを公正証書にする際、「約束通りに支払わない場合は強制執行で差し押さえられても異議がない」ことを意味する「認諾」の条項を入れておけば、調停などを申し立てなくても、いきなり差し押さえできます。

こうした法の改正をふまえれば、成人後も癒えない傷を子どもにつけた親はさらに悪質ですから、虐待親にはその資産・所得に比例した額面を税として加算徴収し、医療費の取り立てコストや子どもの自立支援に使うという条例を作ってもいいはずです。

不払いに居直って市外へ引っ越したり、住民票を移す親もいます。なので、条例には、最初の取り立て日から3日間以内に払わなければ、家の資産を差し押さえて即日現金化することも盛り込むといいでしょう。条例は、市民が地方議員に訴えれば、いくらでも変えられるのですから。

被虐待児が成人したら、「自立支援金」を

また、虐待のトラウマ(心の傷)で精神病を患うと、働くことが難しくなり、自分を虐待する親との同居を仕方なく続けている人も多いです。これでは子ども側に絶望を与え、当事者が望まないひきこもりや自殺・自傷行為のリスクが高くなります。

そこで、医者が虐待に起因する病気だと診断したら、医療費の返還だけでなく、家を出て暮らせるだけの当座の資金(自立支援金)を被虐待の市民に提供する制度も必要です。

地域によって賃貸物件の家賃は異なるでしょうが、50万円以上、100万円を上限に支給される制度にすれば、家賃はもちろん、カーテンやカーペット、家具や寝具、冷暖房、衣類、料理道具なども一式そろえられ、当座の生活には困らないでしょう。

同時に、そうした生活設計にソーシャルワーカーによる支援を受けられるようにし、必要なら生

活保護を受給できたり、仲間と一緒に在宅でも働けるシェアハウスを作るなど、公民連携でできる支援の形はいくらでも作り出せるように思うのです。

虐待で親から奪われた人生の選択肢を当事者自身が取り戻せるのに十分な支援制度を作ることこそ、虐待の苦しみから生き残るための希望になるでしょう。

もちろん、自治体が支出した「自立支援金」は、自治体から親へ請求し、取り立てれば、税金から支出される事業予算を最少化できるだけでなく、親が支出をおそれて子どもを虐待しにくくなるため、虐待を未然に防ぐ効果も期待できます。

こうした条例は、生きづらさを自覚している虐待サバイバーや支援者が、地元で一緒に条例成立に動きたい仲間を集め、みんなで市長に直接申し入れ、市長室での申入れの現場を地元のＮＨＫや新聞記者に取材してもらうようにお願いすれば、議決の見込みを高められます。

どこの市内にも、子育てＮＰＯや女性議員の多い政党、児童福祉を教えている大学教授やフェミニストのグループ、臨床心理士、精神科医、弁護士、子ども食堂の運営グループなど、この条例に共感し、仲間になってくれる人材がたくさんいます。

同じ時代を生きているのですから、ダメもとでメール1通だけでも送ってみましょう。自分の求める条例のアイデアとみんなで集まりたい日時と場所をブログに書いて、そのリンクを伝えれば、関心のある方は足を運んでくれます。

まずは地元市民に声をかけ、1人ずつ味方にしていけば、条例成立のための勉強会を立ち上げることができ、やがては子どもの頃から苦しんできた思いを晴らすことができるかもしれません。

　自分の気持ちを理解し、共感してくれる人との出会いは、心底うれしいものです。そんな出会いのためにも、思いのたけをブログ記事に書いて拡散してみてください。

親の介護義務を子どもが放棄できる民法へ

　民法877条第1項には、「直系血族及び兄弟姉妹は、互いに扶養をする義務（面倒を見る義務）がある」と定められています。この法律によって、親が1人で生活ができない要介護状態になると、子どもには親を介護する義務が発生します。

「経済的余裕がない」などの正当な理由がないのに、介護の義務を怠ったり、放棄すれば、刑法218条にある保護責任者遺棄罪を疑われ、介護放棄（ネグレクト）として懲役3か月以上、5年以下の刑事罰に問われるおそれがあるのです。

　これらの法律は、親に虐待されてきた人にとって、あまりにも屈辱的です。

　あなたが幼い頃から母親に大事なものを壊され、希望の進学先も許されず、交渉の余地もなく支配され続けてきたら、成人して家を出てようやく心から安心できる生活を手に入れた後で、その母親が交通事故などで要介護状態になった時、介護費や治療費、生活費を支払いたいですか？

　あるいは、あなたが小さい頃から父親にレイプされて苦しみ続け、結婚でようやく家を出られたら、認知症になった父親の入浴を介助したり、深夜徘徊する父親を探してあげたいですか？いくら法律だからといって、それを守れと言われても、心の中では「どうして私がこんな大変な目に遭うの？　私は被害者なのに……」という思いは消えないでしょう。

もちろん、自分の生活に余力がない場合は、扶養や介護をする義務はなく、義務の一部を免除されることは、家裁にはかることで実現するかもしれません。しかし、被害者が加害者をケアする義務を負うという法律は、根本的に間違っています。

日に日に深刻化している介護殺人も、守るのが困難な古びた法律に生身の人間の行動を合わせようとするから、無理が生じているのではないでしょうか？

現行法のままでは、虐待されて育った人が介護放棄による刑事罰から逃げきるには、親族や友人にも連絡先を教えずに誰も知らない場所へ家出するしかありません。なので、家族との関係に悩み苦しみ、海外で暮らし始める日本人も、今日では珍しくありません。

国内で家出する場合、親が子どもの現住所を探すため、「住民基本台帳の一部の写しの閲覧」「住民票（除票を含む）の写し等の交付」「戸籍の附票（除票を含む）の写しの交付」の請求・申出をする危険があります。

しかし、引っ越し先の役所に住民票を移した直後に警察に行き、そうした個人情報の閲覧制限の手続きをすれば、警察は親による閲覧を1年間は拒否してくれます。

1年を過ぎても、延長の手続きをすれば、閲覧制限は更新されます。詳細は最寄りの市役所でお尋ねください。総務省のホームページにも紹介されています。[*3]

もっとも、家出するにも相当のお金や心労がかかりますから、虐待の被害者にそうした負担を強いるのはおかしなこと。子どもの尊厳を守る理念を法律に位置づけ、「成人後は親族としての扶養・看護・介護の義務の一切を無条件に破棄できる」という内容に民法を変える方がいいでしょう。

自分を介護してくれる子どもがいない孤独な老後を思えば、親は子どもを虐待しにくくなります。「親に心まで支配されるぐらいなら、家出してもOK」「虐待親の介護はしなくていい」というメッセージを広め、それをこの社会の空気にすることも、虐待防止策なのです。

自民党が憲法を変えれば、子どもはさらに苦しむ

民法には、子どもを苦しめる家父長制の亡霊のような条文がたくさん残っています。子どもにとって、21世紀になっても戦後処理は終わっていません。

かといって、「成年に達しない子は父母の親権に服する」に対して違憲訴訟をしても、それなりの問題提起にはなるものの、今はまだ「違憲とは認められない」で結審されるでしょう。

最高裁判所長官は内閣の指名に基づいて天皇に任命され、最高裁判所判事は内閣が任命して天皇が認証する形で選ばれています。２０２０年の時点では、最高裁判事は内閣総理大臣に任命権があり、総理を選出できる与党の自民党は、党の憲法改正草案にこう追記しています。[*4]

（家族、婚姻等に関する基本原則）

第24条
　家族は、社会の自然かつ基礎的な単位として、尊重される。家族は、互いに助け合わなければならない。

憲法は国の最高法規であり、憲法に反する法律は「違憲」と判断されます。

万が一、自民党の改正草案が国会で通ってしまうと、「家族は、互いに助け合わなければならない」ため、どんなにひどい親に育てられている子どもでも、その親を助けることが義務化されかねません。

つまり、自民党の政権が続けば、今より子どもは救われようがなくなるのです。虐待サバイバーなら、自民党を与党にしておくことを許してはならないでしょう。

もっとも、この改正草案の文章は、致命的な間違いをしています。憲法は、国民が統治権力としての国家に対して命令するもの。なのに、まるで国家が国民に対して命令する法律のように書かれているからです。

この憲法と法律の違いを理解し、今とは異なる未来の社会を生きる子どものために改憲したいなら、こう直すべきでしょう。

「国は、家族が互いに助け合える仕組みを作らなければならない。しかし、その仕組みによって助け合えない場合は、国は個人の尊厳を最優先に尊重し、家族が家族であることを理由に互いに束縛することは、これを許さない」

誰を介護したいのかは、まさに個人の尊厳を問うもの。親族だからといって、自分を虐待した加害者まで介護する必要などないはず。

子どもに捨てられた親は、行政が提供する福祉施設で人生の最後を迎えればいいのです。それが子どもを虐待した親にとって、せめてもの反省のチャンス。それが嫌なら、余生のすべてを費やし、子どもが腹の底から納得できる償いをするのが賢明です。

新しい時代を生きる人には、成人になったら自分の意思で親の扶養義務を無条件に放棄できるよう、民法の改正を急いでほしいです。

虐待親への刑罰や損害賠償は、時効撤廃へ

第4章で、長崎の10歳の女児が民事裁判を起こした事例を紹介しました。

未成年でも、法定代理人をつければ、民事裁判はできます。しかし、同居中の親を訴えることは、親からの報復が怖くて難しいのが現実。これまでも、虐待されたのに時効を後から知って泣き寝入りした子どもは数え切れません。

刑事事件でも、たとえば強制性交等罪の公訴時効は10年、強制わいせつ罪は7年。7歳の時に性的虐待をされたら、17歳もしくは14歳までに訴えないと時効です（公訴時効とは、一定の年数を過ぎると起訴できなくなるという時効）。

あなたが14歳なら、同居中の親を訴えられますか？

被告になる親が、自分を訴える子どものために、弁護士を雇ってくれますか？

ありえません。

そこで、子どもの頃に虐待された事件には、刑事でも民事でも時効を設けないとする法律に変えれば、虐待した親は一生、「いつか訴えられるのではないか」という不安と恐怖に震え続けます。子どもが被害に遭う事件の時効撤廃は、虐待を未然に防いだり、親からの自発的な賠償を引き出すことが期待できるのです。

親権者の保護監督下にある子どもには、裁判を受ける権利、教育を受ける権利、少年法で守られる権利ぐらいしか法的な権利がないため、時効があること自体がそもそも不当であり、重大な人権侵害なのです。

しかも、強制性交等罪の刑は5年以上の有期懲役ですから、0歳の子どもが被害者になった場合、5歳になったら加害者の親が家に戻ってくることも考えられます。13歳なら、18歳でまた加害者の親と同居することにもなりかねません。

強制わいせつ罪なら、懲役は最短6か月。強制性交等罪も、強制わいせつ罪も、その他の子どもに対する加害事件も、最短18年以上の刑期に改正しない限り、被害者の子どもは加害者の親の帰宅におびえて生きることに……。法律自体が被虐待児に長期間の心理的虐待を与えているのです。

こうした被虐待児の深刻さを温存してきたのは、裁判官や弁護士、法学を教える大学教授などの司法の専門家です。彼らは、専門家として子どもを守れずにきた自分の仕事の失敗を潔く認め、子ども虐待に対する関心があまりにも足りなかったことを真摯に反省しなければならないでしょう。

もちろん、子どもに関する法律を長らく見直してこなかった点では、私たち有権者の大人たちも、専門家と同様に罪深いです。

子どもは「小さな大人」ではなく、大人と同様に「いつ死ぬかもわからない存在」です。なのに、大人にとって都合の良い存在としてあしらわれ、裁判を受ける権利も知らないまま、法によって泣き寝入りをさせられてきたのですから。

時効や懲役の年月を改正するのは、国会議員にしかできません。なので、有権者のあなたが国会議員に改正の願いを伝えなければ、子どもは永遠に救われないまま。

たとえば、ネット上で改正法を呼びかける署名を集め、署名した人がそれぞれ自分の地元の国会議員に印刷した署名を手渡してもいいのです。国会議員と弁護士が対談する公開イベントを開催してもいいでしょう。

子どもに負担をかけずに救える制度へ

もっとも、子ども自身は、親を相手取った訴訟をしたいと望んでも、知識がありません。親権者に財産管理権があるので、自分で自由に使えるお金もありません。

現行制度のままだと、子ども本人が家庭裁判所に訴えて親権停止を勝ち取らないと先に進めませんが、両親から虐待されていると、施設や里親などに保護されない限り、自宅で親と同居のままですから、民事裁判へ進めることはかなり困難です。

そこで、子どもが虐待を理由に親を相手取って民事で訴えたい時は、自治体が法テラスと提携し、法定代理人となる弁護士の訴訟関係費を肩代わりするという条例を、あなたの住む市や県で作ってみませんか?

法テラスとは、日本司法支援センターのこと。法的トラブル解決のための総合案内窓口です。[*5]自治体の雇っているソーシャルワーカーが子どもの代理人として法テラスに行き、民事法律扶助制度を利用して自治体の予算で弁護士を雇うという条例を作れば、お金に不安な子どもでも民事裁判ができ、虐待した親から損害賠償金を受け取る道筋がつけられます。

もちろん、訴訟沙汰になれば、子どもは親のいる自宅にはいられなくなりますから、児童相談所も連携して同時に動き、早めに児童養護施設か里親の元で暮らせる手配をとるか、あるいは中卒以上の年齢なら自治体が運営する住宅をあてがうといいでしょう。

生活拠点があり、15歳以上なら、両親の親権停止をふまえて自治体が親権を代行できるようにし、通学先の学校にはアルバイトの許可を出すように指導。あとは、自治体が生活費の不足分を負担し、その負担金を親から親権停止の解除後に自治体が取り立てる条例を作ればいいのです。

子どもが虐待の被害を訴えるだけで学校が児相へ通告し、即日保護されることを義務化し、児相に保護された時点で親権を自動的に停止するという法律に改正すれば、親が居所指定権を行使できないため、家に帰る義務がなくなり、親に殺される危険をゼロにできます。

被虐待児が家裁に親権制限を訴えたら、自動的に国の予算で子どもに弁護士がついて、親に対して賠償請求する民事裁判を始められるという民法に変えれば、子どもは手続きの苦労をしなくて済むのです。

子どもを守るというのは、そのように法律の知識がない子どもに負担をかけずに救える制度を設計することではないでしょうか？

もちろん、子どもが保護された直後から、親権者に対してカウンセリングや精神科の受診を義務づけ、虐待の再発を防ぐ仕組みも必要でしょう。

他にも、児相に保護された子どもたちのニーズは多様にあります。

一時保護所や児童養護施設などの施設で、被虐待児と非行少年が同じ屋根の下で暮らしていることに納得や安心ができないと訴える子どもは少なくありません。養護先が施設か里親しかなく、親友の家や信頼できる担任教師などの家に身を寄せられないのは不自由だと訴える声もあります。

そもそも、親権を停止したり、親の代わりになる未成年後見人（未成年者の法定代理人）をつけるのに、いちいち家裁の審判を仰がなくてはならないのも、子どもが親権者と国家の奴隷のように法律で身柄を位置づけられているからです。

自分の生活拠点を自分で決める権利がなく、被害者なのに一時保護所に送られ、施設職員や里親に再び虐待されるという現状を放置していいわけがありません。

この現実を変えるには、加害者の親を専用の矯正施設に送り、精神科医の許可と刑事裁判の判決が出るまでは、子どもが望まない限り、子どもに会えないという法律が必要かもしれません。

もっとも、「親権フリー＆シェア」制度を導入し、発達年齢に応じて子ども自身が親権者を自由に選択・排除・追加できるようにすれば、子どもは0歳でも3人以上の大人に安全を見守られます。この制度は、子どもにとって深刻な虐待を避ける権利であり、虐待親を矯正施設に送るような事態をなるだけ避ける知恵でもあります。

日本に子どもを大事にする歴史と文化がない以上、「さんざん虐待された後でそのほんの一部の子どもだけを保護する」という方針のままでは、虐待を未然に防ぐ施策になる見込みはありません。

そこで大人が何も動かなければ、これまでと同様に、死なくていい子どもが保護されないまま親に殺され続けるか、絶望をこじらせて自殺してしまうでしょう。

22世紀には、「親権フリー＆シェア」制度が当たり前のように導入されているかもしれません。しかし、今この時からそういう発想で動き始めない限り、希望のある未来は作れないのです。

第6章

子どもが自身ができる虐待防止策――親権から身を守るために

家出は、被虐待児にとって安全な自主避難策

『天気の子』の陽菜のように親権者がいない子どもは、親権者から自分のお金を管理・収奪されることも、言動を支配されることも、虐待されることもありません。

一方、現実の子どもには誰かしら親権者がいますが、親権者から虐待されても、親権制限を家裁に請求できる権利が自分にあることを、誰からも教えられていません。しかも、経済的に自立する手段を奪われたままでは、子どもが選べる生存戦略はいくつもありません。

不当な扱いに耐え続けるか、虐待に耐えられなくて学校をやめて住み込みで働き出すか、あるい

は精神を病んでしまうか、自殺するか、親を殺すか、無差別殺傷事件を起こして刑務所に逃げるか……など、苦しいばかりの選択肢の中で苦悩し続けます。

そこで、私は「家出する」という選択肢を提案しています。平成11年（1999年）に『完全家出マニュアル』という本も書いています。これは、被虐待児と殴られ妻が危険な家から避難し、経済的に自立できるようになるための合法的な実践マニュアルです。

今日では連帯保証人をつけずに借りられるシェアハウスやUR賃貸などの住環境が充実しているため、家を出て暮らすことは15歳以上ならハードルが低いです。

もしあなたが今、親に虐待されている子どもだったら、どうするでしょうか？

児童相談所に保護されたくて虐待相談を持ちかけても、相談件数の8割以上は保護されていません。一時保護施設や養護施設などのハコモノを、増える続ける虐待相談の現状に見合うほど増やす余裕は、自治体にも国にもありません。

そこで児相は、中高生よりも小学生、小学生の次に学齢前児童、乳幼児という具合に、より年齢の低い子どもを優先的に保護しています。なので、小学生が圧倒的に保護されやすく、全保護年齢の3割強を占め、18歳以上は基本的に保護されません。

その結果、日常的な虐待にどうしても耐えられずに家出する子どもが、13歳を超えるあたりからケタ違いに増えるのです。

警察庁の発表によると、平成30年（2018年）度の行方不明者（家出人）の届出受理数のうち、未成年者は、1216人(9歳以下)＋1万6418人(10代)＝1万7634人。未成年の家出人のうち、犯罪の被害に遭ったのは年間313人にすぎません。[*1]

そこで、家出して犯罪の被害に遭った確率を求めると、

313人÷1万7634人＝0・01777…(約1・8%)

たとえ100人の未成年の家出人がいても、犯罪の被害に遭うのは1人か2人にすぎないのです。家にい続ければ、親などの家族から虐待される日常は変わりません。最悪の場合、殺されたり、心身に傷を負い続けた果てに自殺する子どももいます。それを思えば、家出ははるかに安全な生存戦略であり、生き残れるだけ挑戦しがいのある自主避難策です。

家出被害率が1・8%程度にすぎないと警察庁が認めている以上、「家出したら深刻な犯罪の被害に遭うおそれが高い」という考えは思い込みにすぎません。それでも、「ヤクザにダマされて被害に遭っている子も多いはず」と疑う方もいるでしょう。

内閣府の「平成30年版 子供・若者白書」では、警察庁の「少年の補導及び保護の概況」を引用する形で、福祉犯の検挙人員と暴力団の関与の資料を公開しています。その資料によると、平成28年(2016年)に未成年者が被害に遭った事件で検挙された加害者のうち、3・1%が暴力団等関係者でした。[*2]

「福祉犯被害少年(法令別)における家出少年の推移」を見ると、同年に犯罪の被害に遭った未成年の家出人は、被害者全体の中で5・2%(319人)でした。[*3]

そこで、家出後に暴力団に関与する確率を出してみると……

0・031×0・052×100＝0・16％（※小数点第2位以下切り捨て）

犯罪に遭った家出人がたとえ1000人いても、暴力団等関係者に関わるのは1人か2人。実際に家出後に被害に遭った未成年者は年間300人程度なので、ヤクザにだまされる家出中の子どもは存在しないことになります。こんな超レアケースを「危険だ」と考えるのは、ただの杞憂でしょう。

家出人と漂流少女を区別できない記者たち

私は長らく若者の自殺や家出、虐待を取材し、雑誌や本などに執筆してきました。そのため、公式サイトを通じて、家族関係で悩んでいる10代から相談メールが届きます。深夜の町で出会った未成年者から相談される経歴も、30年ほどになります。

そうした相談内容をもとに、「家族の許可を求めずに家を飛び出した未成年者」の動機を分類すると、次のように異なっています。

1．深夜徘徊

深夜にクラブや飲食店に出入りし、朝帰りする。それが楽しいからやっているだけ。条例で子どもは夜10時以降にファミレスやカラオケ店などに入れないため、警察に補導されかねない不安から、年齢詐称をしても夜遊びをくり返すことも。

2．自殺・心中

死にたくて家を出たものの、勇気がなくて自殺できずに帰宅したり、心中するはずだった相手と合意に至らずに失敗するケースも少なくない。ただし、平成29年（2017年）に神奈川県で起こった座間9遺体事件のように、自殺志願者がネットを通じて出会った人に殺されるケースも。

3．自分探しの旅

家庭や学校より広い世界が知りたくて、遠方へヒッチハイクやバイクなどで出かけるもの。家族に許可されないのがわかっているので、あえて何も言わずに家を飛び出し、家の外のスリルを楽しもうとする。その日暮らし自体を楽しんでいるので、一か所に長くとどまらず、各地を転々としている。

4．漂流（プチ家出）

親から虐待される日々に耐えられず、家にいると息が詰まるため、憂さ晴らしでしばらく家を空けては戻ることをくり返す。しかし、本人は虐待されていることに無自覚で、児相の存在を誰からも教えられていないため、福祉制度は利用しない。

親や教師の前で演じる「大人にとっての都合の良い子」の自分に疲れてきっているため、誰の子どもでもなく、どこの生徒でもない「誰でもない自分」になりたくて、あてもなく街を歩いたり、自暴自棄になりがちなので売春で宿泊費や食費などを稼いだり、危険だとわかっていても知らない人の家を転々とすることも。

5．家出

家族が虐待をくり返すことによって、自分の心身や命、将来に危険や不安を感じ、自衛のために家族の知らない安全な生活拠点へ引っ越すこと。恐ろしい家に二度と帰りたくないので、親バレやリスクのある行動を避け、なるだけ早めに定住先と定職を得る準備を進め、生活の安定を急ごうとする。

こうして未成年が家を出る動機を見てみると、1～4は家出の実態からは遠く、「家出」と呼ぶには無理があることがわかります。家族の許可なしに家を飛び出しただけでは家出とはいえず、ただの無断外出にすぎません。

なのに、家出人に対する差別と偏見が、この国には長らく蔓延しています。映画やドラマでしか家出を知らない人が、実態を調べない自分自身の不安によって家出にドラマチックな幻想を見たがるのです。

そうした幻想を求める視聴者や読者に共感してもらえるという担保があるため、新聞やテレビは自立や自主避難としての家出については語ろうとせず、プチ家出の危険性ばかりを訴えてきました。その方が、年々減りつつある新聞購読者やテレビ視聴者を容易に釣れるからです。

家出を危険視する報道は、メディア企業自身の延命のために仕組まれたフェイクニュースです。

取材不足でも未成年の家出人からクレームが届くことはなく、家出人が新聞購読者やテレビ視聴者にならない現実に居直った卑しいビジネス戦略なのです。

平成30年（2018年）の時点ですら、朝日新聞は「泊めたら性行為『暗黙の了解』」という刺激的なタイトルで記事を発表し、「泊めてくれる男とセックスさえすれば家出できる」という間違ったメッセージを、家にいる10代の読者に与えました。[*4]

これは、「貧困から風俗の仕事に就く人が多い」などの都市伝説レベルの仮説に乗っかり、それを伝えるのに好都合な現実だけを取材して記事にしてしまった結果であり、真実を調査によって確かめる仕事としての記者の劣化を象徴しています。

殺人事件の半数は、親族間で行われる

私は、1990年代から2020年（令和2年）にいたるまで、未成年の頃に家出した経験のある10代から30代までの男女およそ300人を取材しました。

すると、ほとんどの家出経験者は家を出てから2週間以内には定住先と定職を得て、フリーターと変わらない暮らしをしていて、拍子抜けしたものです。家出後にトラブルに遭ったごく一部の経験者の話を聞いても、ドラマチックではありませんでした。

夜中の公園で迷惑なほど大きな音を出しているのを聞きつけ、面白がって若者たちが踊るそばに

近づいていったら、警察官に事情聴取されるはめになったとか、ホームレスが公園の水道で体や服を洗おうと半裸になったのを見て、自分も同じようにやった頃に警察が来て指導されたなど、トホホなケースが多かったのです。

初めて訪れた知らない土地で、故郷の田舎と同じようにおおらかな習慣を続ければ、定住先や仕事にありつく前に何らかのトラブルは起こるものです。

東京へ家出してきた10代の中には、アパートに鍵をかける習慣がない子もいます。そうした場合、注意を呼びかけ、実家の電話番号を教えてもらい、親にその子の現況を伝えたこともありました。90年代後半、東京・中野にあった私の事務所には、上京してくる家出人が訪れることがしばしばあったのです。彼らの多くは、被虐待児でした。

家出人の多くが家族から虐待されていることは、政府も把握しています。

内閣府が発表した「平成17年度少年非行事例等に関する調査研究報告書」では、少年非行に関する「新たな視点」として、未成年の家出をこう分析しています。[*5]

「虐待を受けた子どもに最初に現れる非行や問題行動は、虐待を回避したり、親から逃避するための家出や金品の持ち出し、万引きなどの盗みなどである。これらは、その性質からして、『虐待回避型非行』と呼ぶことができる」

内閣府は、家出を「非行や問題行動」としつつも、「虐待を受けた子どもに最初に現れる」行動として位置づけ、「虐待を回避したり、親から逃避するため」であることをすでに認めているのです。

逆に、親に虐待されている子どもがそのまま家にいれば、どうなるでしょうか？

虐待関係にある家族間では、親が子を殺したり、子が親を殺す事件も起こります。

令和元年（２０１９年）8月に警察庁が発表した「平成30年の刑法犯に関する統計資料」を見てみましょう。[*6]

殺人事件で検挙された件数の中で、被疑者（加害容疑者）と被害者の関係を見てみると、平成21年（２００９年）度では、配偶者（内縁関係を含む）・親・子・兄弟姉妹・その他の親族の間で行われた殺人事件は、既遂２２５件、未遂２４２件（合計４６７件）。

同年度では、検挙件数は既遂３９２件、未遂５７９件（合計９７１件）。親族間の殺人事件は、全体の約48％を占めていました。

平成30年（２０１８年）度に親族の間で行われた殺人事件は、既遂１３９件、未遂２７９件（合計４１８件）。同年度は、検挙件数全体で既遂２６３件、未遂５５６件（合計８１９件）でしたから、親族間の殺人事件は全体の51％。親族以外の人間による殺人事件より上回っています。

今日の日本では、殺人事件の約半数が親族間で起こっているのです。

しかも、刑法犯の認知件数は平成14年（２００２年）に戦後最多を記録し、平成15年（２００３年）から16年連続で減少し続けているのに、親族間の殺人だけは相変わらず殺人事件の半数のままなのです。[*7]

元神奈川県警刑事で犯罪ジャーナリストの小川泰平さんは、こう分析しています。

「家族間のトラブルは家庭の内部で起きているし、第三者が手出しできません。だから抑止が難しいのです。海外では、強盗や強姦目的の行きずりの殺人事件が多発しています。その点で、旅行客らには『日本は治安がいい』とみられます。一方で、親や子供を殺す犯罪が多いことに驚かれていますし、根絶するのは困難[*8]」

社会学者・宮台真司さんの師匠である学者の小室直樹さんは、昭和59年（1984年）に書いた本『偏差値が日本を滅ぼす』の中で、「親子は本来、殺し合いの関係にある」と喝破しています。

家出人の心配をするより、親族間の殺人を心配する方が現実的でしょう。虐待のある家庭では、子どもが家出し、経済的に自立する方が、親子双方にとって悲劇を避ける最善策なのですから。

家出するなら、まず置き手紙を書くこと

では、子どもが家出し、経済的に自立するには、どうすればいいのでしょうか？

警察では、行方不明者届（昔の家出人捜索願）を家出人の親族や監護者、福祉関係者などから受理します。ただし、警察は刑事事件が起きた後の捜査機関。なので、小さい子が目を離したすきに森ではぐれたとか、殺人や詐欺などに巻き込まれた可能性が高い場合に限り、職務を遂行します。

もちろん、遺書を残して自殺のおそれがある者や、精神障がい者、危険物の携帯者などで自傷他害のおそれのある者は、「特異家出人」と呼ばれ、緊急性が高いと判断されて捜索されることもあ

ります。でも、その他の家出人は基本的に捜索されません。

つまり、「私は犯罪に巻き込まれたわけではなく、家族による虐待に耐えきれなくなったので、安全な生活拠点を求めて自立します。探さないでください」という置き手紙を残しておけば、警察は捜索する根拠を失うので、探しようがないのです。

また、こうした内容の手紙が警察に知られると、親が虐待を疑われて逮捕されるおそれもあるため、行方不明届を出さないケースも珍しくありません。

こうした事情から、民間の探偵が商売として成り立つわけです。しかし、子どもがスマホやパソコンとそこに入っていた個人情報をすべて消去し、学校や塾などの人間関係や親族などの誰にも家出計画を教えないまま遠方へ失踪すれば、探偵の調査費がかかりすぎて親が払えないので、家出人の所在を特定することは困難です。

そもそも子どもが家族に許可を求めずに家を飛び出すことを「家出」とひとくくりに呼びたがるのは、子どもの言い分を度外視した大人のひとりよがりです。そのひとりよがりを反省し、「経済的自立の方法を教えられなかったからこそ家出に不安を感じるのだ」と自覚するのが、子どもに対する大人の誠意でしょう。

生活拠点を維持するための資金繰りを計画的に考えることなく、衝動的に家を飛び出す未成年の中のほんの一部には、やむなく売春やＪＫビジネスを始めてしまう子どももいます。それは、安全な生活拠点を獲得するために準備金を作ろうにも、それを理由にアルバイトを始めることが、親権者や学校に許可されないからです。

親権者には居所指定権（子どもの居所を指定する権利）もあれば、職業許可権（子どもが職業を営むにあたって親がその職業を許可する権利）や子どもの財産管理権まであり、子どもは自立のために働くことまで親の許可を必要とするのです。

子どもを虐待する親を説得するのは、児相の職員ですら難しいです。日常的に支配されている子どもが親と交渉して家を出ることなど、現実的に望みにくいでしょう。

それなら、緊急避難として家出する場合、親の所有する現金や資産を持ち逃げすれば、売春などの危険な行為や違法行為による金策を避けられます。

刑法244条には、以下の規定があるからです。

1　配偶者、直系血族又は同居の親族との間で窃盗の罪、不動産侵奪の罪又はこれらの罪の未遂罪を犯した者は、その刑を免除する

2　前項に規定する親族以外の親族との間で犯した同項に規定する罪は、告訴がなければ公訴を提起することができない

配偶者や直系血族、または同居親族の場合、告訴があっても免除となるため、刑は科されません。これは「法は家庭に入らず」という考えに基づくもの。家族間の問題は家族内のルールに基づいて

解決すべきで、「法の介入」を制限しているのです。

夫のＤＶに苦しむ殴られ妻には、「離婚前なら夫との共有資産の半分を持ち逃げして身を守ろう」という助言が民間の被害者支援で語られることがあります。専業主婦や低所得の妻にとって、新たな生活拠点を得るための資金は不足がちだからです。

それなら、たとえば父親に虐待されても児相に保護されず、自分を虐待しない母親も一緒に避難をしてくれず、家出しか選択肢がないような子どもには、「親の金を持ち逃げしてもよい」と言っていい気がします

被虐待児には、親の金の持ち逃げの合法化を

そこで、虐待の実態についてくわしい弁護士２名に、私の考えについて検証を求めました。[*9]

大橋法律事務所（福岡）の後藤富和・弁護士の見解は、こうです。

「刑法２４４条の趣旨は、犯罪とならないというわけではなく、窃盗罪ではあるが、一身的に刑罰が免除されるというもの。刑は免除されるものの、犯罪ではあるので、弁護士として正面から勧めることはできません。

また、これは窃盗にとどまった場合にのみの免除規定。金を盗む際、親にバレて親に手を出してしまったような場合は強盗となり、この規定は適用されません。そもそも刑事未成年の場合は、刑

法は適用されず、触法少年として児相に送られますね。14歳以上であっても、刑法犯にはならずとも、虞犯少年として少年鑑別所に送られる可能性もあります。僕としてはおおっぴらに勧めることには躊躇を覚えます。（子どもにお金がなく自分で児相に行けない場合は）本来、交番や学校に飛び込んで警官や先生に相談するのが良いのでしょうが、警官や教師が子どもの言い分を聞き入れず保護者の言い分だけを聞いて保護者に子どもを返してしまう恐れがあります。児童虐待、避難の必要性について警官や教師の理解が問われますね」

被虐待児にとっては、法解釈の壁だけでなく、警察や教師に虐待の苦しみを理解されない壁まであるのです。

一方、小野田高砂法律事務所（東京）に所属する小山紘一・弁護士はこう言います。

「親に心身を虐待されている児童は、まずは児童相談所（虐待対応ダイヤル１８９）や人権擁護局（子どもの人権１１０番）、警察等の公的機関へ相談を。弁護士会やＮＰＯ法人が運営する子どもシェルターへの相談でもかまいません。

現在の法制度や社会状況の下では、児童が独力で生きていくのは非常に困難。親の同意がなければ、賃貸借契約も労働契約も締結できないことがほとんどであり（義務教育終了前の児童はほぼ不可能）、安定した生活拠点も収入も確保できません。

保護されない児童の場合は、自分の生命・心身・尊厳を守るための最後の手段として家出を選択することも、当面の生活のために親の金を持ち逃げすることも仕方ない。

もっとも、どれくらいの金額まで持ち逃げしていいかの基準を示すことは極めて困難。本当に家出しか選択肢がない状態まで追い込まれた児童については、どれだけ親の資産を持ち逃げしても、法的責任を問われるべきではないと考えています」

小山弁護士のご指摘のとおり、「刑は免除され、犯罪でもない」ようにするには、法改正が必要になります。警察が把握しているだけで、年間1万7634人も未成年の家出人がいます。10年間なら約17万人、20年間なら約35万人もの未成年者が家出せざるを得ない現実に苦しめられているのです。

子どもが苦労を覚悟しても自力で家出せざるを得ないのは、よほどの苦しみが家庭にあるからです。それでも子どもは法律上、親権者もしくは児相（とその先の社会的養護）のどちらかにしか身柄を預けられません。子どもの命は親権者か国家のものであり、子ども自身のものではないのです。

だから、家にいられず、児相にも保護されない子どもが家出できない場合、虐待の被害に耐え続けた先に自殺願望や精神病のリスクを負うおそれは高いです。

それらはすべて、大人が作り出し、放置してきた「法の壁」の結果。それでも被虐待児を前にして、「家出はいけない」ときれいごとを言い続けますか？

自分を守れない法律は、生き残るために破ろう

福島原発の事故後、国は一部のエリアを帰還困難地域として指定し、市民に対して避難を促したものの、自主避難をした市民には十分な補償をしませんでした。

これと同様に、児相はとても帰れない虐待家庭から子どもを保護しても、予算や法律を理由に保護できない子どもには何もケアせず、家庭から自主避難（家出）した子どもを「非行」と呼んで家に帰してきました。

親から虐待され、暴力・暴言を日常的に浴びることは、原発での作業で高線量の放射能に被ばくするのと同様に、心身に不調をもたらします。それでも「親権者に黙って従え」という法律をバカ正直に守っていたら、子どもはまともに生きていけません。

終戦直後、「闇米は違法だから」と拒否し、配給食糧しか食べずに栄養失調で餓死した裁判官がいました。しかし、大衆は闇米をありがたく食べて生き延びることを選びました。自分を守れない法律を無理して守れば、死んでしまうからです。

これは、子どもが虐待から避難する場合でも同様。守れない法律を変える権利も、政策提言ができる権利さえも子どもから奪っておきながら、安全な家出の方法を教えることもなく、無茶な法律を子どもに守らせたがる福祉制度は、完全に狂っているのです。

私が今日、親からの虐待に苦しんでいる中高生なら、迷うことなく親のへそくりを探し出し、年

齢などの詳細を厳しく問われずに雇ってくれる宿付きの職場をスマホで探すでしょう。

あるいは、中古ショップに自分や親の持ち物を売りさばくため、大人の友人を作り、その友人に買取同意書を書く時に保護者を演じてもらうことを頼むでしょう。

現実の社会には、年齢を詐称してもマンションに入居して働けるパチンコ屋のホール係、バイク旅の若者も短期の住み込みで働いている高原野菜の農作業員、履歴書不要で応募できるリゾート施設や建築土木の作業員、親の印鑑を未成年者が押した承諾書でも平気で受理するバイト先など、定住先と定職を一度に得るチャンスは無数にあります。

人材不足で若い力がほしいそれらの職場は、大都市より地方に多く、親権者の同意をうるさく問われない求人広告がいつでもネットで公開されています。

そうした職場に家出して、働いてお金を貯め続け、18歳になったら同じ町に週5日以上働ける新しいバイト先を見つければ、やがて貯金ができた時には連帯保証人不要のシェアハウスを借りて住めるので、晴れて職住別の自立生活にこぎつけられます。

あるいは、すでに起業している同世代をネットで探して、その人から仕事を受注し、こつこつと家出の準備金を貯めるかもしれません。

住み込みバイト先までの片道の交通費と1か月の生活費に使う20万円ほどを計画的に貯めた後に家出すれば、安全で安心できる生活を始められます。そして、成人後は親権者による支配から解放されます。

２０２２年4月1日からは、18歳で成人です。18歳まで虐待の苦しみに耐えながら待つか、耐えられなければ、自分の不要品を友人に売って準備金を作ったり、足りなければ親のへそくりを持ち逃げし、家出を試みる子どもも増えるでしょう。

親の許可なく受験できる高卒認定試験（高認）も知られてきた今日、不登校を望んでも親の理解を得られない高校生が、家出を選択肢に入れて中退するケースも増えていくかもしれません。高認に受かれば、自分の稼ぎやクラウドファンディング、奨学金などを活用して大学にも行けます。

もっとも、18歳になっても、親からの虐待や支配が続いているために、「どうせ自分は何をやってもダメだ。親からも誰からもほめられることはない」と自己評価を低められ、精神病やひきこもり、失業などに導かれる若者は少なからずいます。

平成30年（２０１８年）5月、私は筑波大生が企画したイベントに招かれ、虐待防止策と家出について講演しました。すると、私の話を聞いた大学生の山口和紀さんは平成31年（２０１９年）3月、『１００人の体験記 大学生版家出マニュアル』というプロジェクトを立ち上げ、公募した家出体験記を次々にネット上で公開し始めたのです。

18～19歳の未成年者は、虐待されても児相にほぼ保護されないからです。そのサイトには、家出してから大学に入った事例も紹介されています。[*10]

私も、『21世紀版・完全家出マニュアル』をネット上で書き始めました。学校や家庭では教えてくれない自立の方法を教えることが、家にいられなくなった時にやけを起こさず、自分の暮らしと心身を守るための最低限度の生存戦略になるからです。[*11]

家出という行為は、子どもの本音を真摯に受け止めようとしてこなかった親に対して、子どもが身をもって査定する「子育て判定テスト」の落第点です。

高校卒業後にすぐに家出して風俗嬢になり、今は一般企業で正社員として働いている女性の言葉が、私には忘れられません。

「家では、父にレイプされていました。誰にも相談できず、何もできませんでした。でも、風俗はお金ももらえるし、こんな何もできない私でもお客や従業員にほめてもらえます。私にとって、風俗は最高の場所でした。でも、家を出る前に『完全家出マニュアル』を読んでたら、風俗には入らなかったかも。ぜひ高校の教科書にしてほしいです」

生き残るための学びは、学校の外に豊かにある

子どもが家族、とりわけ親による虐待の苦しみから身を守る方法は、家出以外にも豊かにあります。その一部を紹介しておきましょう。

▼親にとって頭が上がらない人を探し、味方にする

たとえば、親の兄・姉（子どもから見ればおじ・おば）、祖父母、町内会長のおじいさん、親の職場

の上司、地元の民生委員、通学先の校長、交番の警察官、友達の親で弁護士をやっている人などに会い、電話番号を教えてもらい、何度も会って自分が親に何をされてつらいのかを話す習慣をつけておく。

頼れる大人がいれば、その人自身がすぐに虐待問題を解決できなくても、その人の周囲にいる大人にはすぐに解決に動ける人がいる。親が家にいる時に電話をすれば、親と話してもらえる相手がいる。それだけでかなり安心でき、冷静になれる。

▼道場で格闘技を習う

空手やボクシングなど直接体に打撃を与えるフルコンタクトの格闘技の道場が通える範囲にあれば、月謝を払って通うか、虐待されている事情を道場の責任者に話して無償か出世払いで教えてもらえるよう交渉する。

体が強くなればこそ心も強くなるし、子どもの体が大きくなり、格闘技に強くなれば、威圧的な親も無理に何かをさせるような支配的な構えをとれなくなる。女子向けには護身術として使える合気道がお勧めだが、最近では公民館やスポーツジムで女子を受け入れる格闘技道場も少なからずあるので、調べてみてほしい。

▼家にいなくて済む時間を増やす

部活動に参加したり、地元のサッカークラブのメンバーになったり、友達の家で遊ぶなど、家にいる時間をなるべく減らし、親の機嫌次第で虐待される機会を減らす。

家の外でさまざまな仲間や友人を作れれば、気持ちをわかり合える絆もでき、1人で虐待の苦しみを背負うこともなくなる。

家の外の人と接触したがらない親ほど深刻な虐待をやりかねないので、「あんな親のようにはなりたくない」という気持ちでいろいろな人とつきあうチャンスを増やすと、親に影響されずに自由に自分の人生や進路を考える喜びも生まれる。

▼自分に必要な学びを得る

この本を読んで、親の親権を制限したり、親を相手取った裁判をしたいと考えたら、大学の法学部を卒業した人や弁護士を小・中・高の先生や友人の親などから探し、一緒に具体的な解決の手続きを考えてもらう。

家を出るための収入を得たくて起業したい時も、チェーン店ではない個人経営のパン屋さんや、昔から続いている老舗のお菓子屋さんなどに何度も足を運んで仲良くなる。あるいは、起業している同世代にネット上から声をかけてＬＩＮＥやメールで自分にどんな商品やサービスを作れるか、相談してみるといい。

ちなみに、「アフィリエイト」（ネット上の広告収益）は起業ではなく、中古品転売には古物商の免許が必要。ネットワークビジネスや違法なビジネスには手を出さないよう、注意しておきたい。どれも、学校では教えてもらえないことばかりです。

民法が子どもを親権者の奴隷にしている以上、学校も子どもから主体性や自主的な判断力を奪うことにためらいがありません。その結果、学校では国家や教師、親にとって不都合な知識は一切教えず、組織に雇用されることでしか働けない「社畜教育」が前提となり、自由に起業して稼げるようになる知識は教えません。

日本の学校は、子どものためではなく、国家に必要な人材を養成することを主な目的としています。そのため、個人の権利や「既存の法律によって苦しんでいる人のために法律を変えていい」と思える主権者マインドも育てていません。学校はいわば、親から虐待・支配されて低められた自己評価を、さらに徹底的に低める補完機関です。

その証拠に、学校に適応し、学力偏差値を上げた生徒ほど、同じ教室にいる勉強のできない子に勉強を教えることもなく、大人になっても、高卒以下が大卒と同程度の収入が得られるチャンスや社会の仕組みを作ろうと発想することすらありません。

親の所得と子どもの学力が比例していると知っても、いろいろな事情で大卒者になれない人の所得が頭打ちになることに心は痛まず、学歴不問で稼げる職種の豊かさも教えず、起業によって大卒以上に稼げるようになる仕組みを教えることもありません。彼らは、そんなことをしなくても困らない境遇にいるからです。

家庭で親子関係が主従関係（支配関係）として規定されている以上、学校でも当たり前のように教師＝生徒の間は主従関係になり、やがて大人になると高学歴層は自分の価値観だけで低学歴層を支配する社会の仕組みを補完するので、児相の職員と子どもの間も主従関係のままです。

子どもに対して「おまえの意見は聞いてはやるけど、おまえの処遇を決定するのは大人だけの権利だ」という構えを疑わない社会なら、私はそんな大人になどなりたくありません。いつまでも育ちの中にある「何者でもないいいかがわしい人」で十分です。

日本人は、自分が誰にどのような方針で育てられてきたのかを検証し、親や教師からの期待を裏切ることからしか、「本来の自分」に立ち戻れないのですから。

「この社会は子どもからどう見えるか」を問う子ども主義

もし結婚が「妻は夫に従え」とか、「夫は妻に従え」という契約だったら、あなたは結婚しますか？

日本の子どもは、親と契約したわけでもないのに「親権者に従え」と民法に書かれたまま。ここにメスを入れない有識者が、厚生労働省で虐待防止策の会議を続けてきました。だから、有効な虐待防止策が作れないまま、虐待相談を30年間で一度も減らせず、虐待の発見数を増やすばかりで、虐待行為そのものは減らせなかったのです。

しかも、児相では、心理的に離れてしまった親と子の関係性を再構築し、その親子にとって最良の家族の形を探していく「家族再統合」を模索しています。

親子にはそれぞれ、両者が同時に幸せになれる関係や距離があります。しかし、被害者が加害者と一緒に同居することは、他人なら、とても考えられない事態です。

あなたは、自分を交通事故に遭わせた加害者の他人と一緒に住みたいですか？

あるいは、自分をレイプした人と同じ屋根の下で寝たいですか？

親子なら同居していつかは関係が良好になるはずだと思うのは、「親子の絆」に他人どうしの関係より修復力の高いものがあると期待してのことでしょう。しかし、そんな幻想は、虐待されてきた人の声を多く聞いてきた私には、とても信じられません。

娘をレイプした父が心を入れ替えても、娘に植え付けられた不安と恐怖は簡単には消えません。息子の進路を良かれと思って一方的に捻じ曲げて中学受験にまい進させた母が、後からどんなに反省や謝罪をしようとも、息子にこびりついた不信感や自分の進路を自分で守れなかった悔しさは、何十年経とうと消えないのです。

それならば、親子関係を改善させるより、親自身が子どもから尊敬と信頼のまなざしを向けられるように余生をささげて努力するのが優先事項であって、それでも「友達」になれるかどうかすら危ういのが現実ではないでしょうか？

そもそも親子関係は、互いに育てる・育てられる一時的な関係にすぎません。子どもが成人した後は、子どもが「こんな人とは付き合いたくない」と思えば親と疎遠になりますし、「親子ではなく、対等な友人として選びたい」と思えば、新たな関係を結べるかもしれません。

それでも、親自身が子どもと対等な関係を築けるよう、友人として選ばれるための努力を惜しめば、子どもからつきあいたい相手として選ばれることはないでしょう。その場合は、親としての責任を果たせなかったと潔くあきらめて、自分から子どもと距離を置き、子どもに迷惑をかけないよう自分の金だけで入れる介護施設でも探すのが、せめてもの償いです。

親に対して子育ての合否判定をできるのは、子どもだけ。その子どもが自分の親に対してとてつもない憎しみを向けようと、何を望もうと、子どもの自由のはず。それを受け止める覚悟がない人が子どもと関われば、子どもの尊厳をさらに傷つけるだけです。

虐待通報ダイヤルの宣伝でも、子どもに対して「勇気を出して相談を」というフレーズが投げかけられていますが、勇気を出さなければ相談できない仕組みは、「自分は無条件に子どもから信頼される」と思いあがった大人側の失敗そのものです。

なぜ、子どもの方から相談したくなるような、子どもに「この人なら安心して話せそう」と期待されるような言葉をかけられないのでしょうか?

それは、私たち大人が、「この社会は子どもからどう見えているか」について学ぼうとせず、自分が子どもだった時代との変化にも気づこうとせず、それどころか、子どもの頃に親や教師に何をされたらイヤだったのかすら忘れたまま、先行世代の価値観で未来を生きる子どもの言動を支配してきたからです。

「この社会は女性からどう見えるか」と考えるのがフェミニズムなら、「この社会は子どもからどう見えるか」と考えるのがチャイルディズム（子ども主義）です。

『ハンナ・アレント 世界への愛』を書いた伝記作家のエリザベス・ヤング・ブリュエールさんは、『CHILDISM: CONFRONTING PREJUDICE AGAINST CHILDREN』（子どもたちに対する偏見と向き合う子ども主義）という本を、イエール大学出版部から２０１２年に出版しています［図表6-01］。

子ども主義にならえば、こんな疑問がわいてきます。

たとえば、私たち大人が「かわいい」と感じて何のためらいもなく子どもに勧めるジブリアニメは、子どもの目に本当に「かわいい」ものとして映っているのでしょうか？

むしろ、親が「かわいいよね」と子どもに当たり前のように同意を求めた結果、親に愛されたい子どもは「かわいいもの」として認知し、学習を積み重ねてきたのではないでしょうか？

図表6-01

「早期の条件付けによって人は自分に何が起こったかを気づかなくする」という〝闇教育〟の思想を、アリス・ミラーは世界的ベストセラー本『魂の殺人 親は子どもに何をしたか』で広く一般に紹介しました［図表6-02］。

支配的にふるまう人間からは、愛されなくていい。そんな大人に愛されなくても、生きていける。虐待親から学ぶことは、この1点に尽きます。これに気づく時、私たちの信じている文化は、大人にとって都合の良い文脈や表現にあふれていることに思い当ります。

それらとは逆に、大人が「文学史上の古典的名作だ」「芥川賞をとった」「ベストセラーだ」と喜んでいる文学作品を未成年だけで論じさせる〝未成年文学批評〟の試みがあってもいいはずです。

大人にとって都合の良い子のまなざしではなく、むしろ大人にとって不都合だったり、理解を超えるような子どもの文化に根差した批評を、映画や美術、演劇や写真、あるいは学校の授業内容や政策に対して試みる時、そこから「子どもを守る文化」が始まり、閉塞感で生き苦しい私たち大人の社会の突破口も見いだせるように思うのです。

もちろん、大人であっても、「子どもとしての私」に目覚めた人なら、子どもを守る文化の種をさまざまなアートや制度設計の中に植えることができるでしょう。

私たち大人は、これまでずっと子どもの笑顔に癒されてきました。ふだんの子どもたちは、いつだって笑顔を見せてくれます。しかし、うれし泣きがあるように、悲しすぎる時や怖すぎる時でも、子どもは無邪気な笑顔を見せることはあるのです。

銃弾が飛び交う戦場でも、残酷な虐待を受けている家庭でも、子どもは笑います。現実がわからないから、ではありません。それ以上、大人に攻撃されないように身を守るためです。子どもの笑顔やかわいさに救われたような気持ちになる人は、彼らを支配している大人としての自覚ができない、ただの傍観者にすぎません。

この社会は、大人自身が変えようとしない限り、変わりません。

今後も子どもの笑顔にただ癒されたいだけなのか、それとも子どもの笑顔に隠された（私たち大人に対する）とまどいや不信感を解消するために動き出すのか。

この問いかけをあなたに預けて、この本を締めくくることにします。

図表6-02

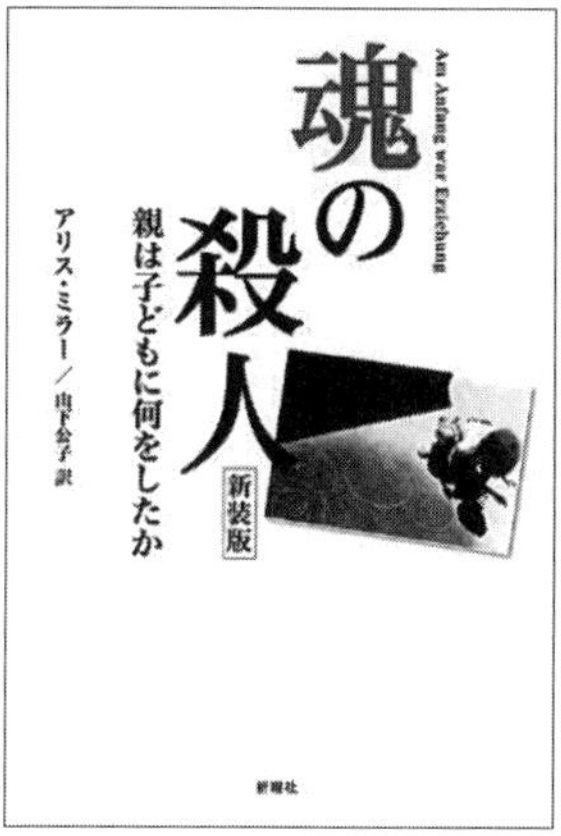

あとがき――私といっしょに小さなアクションを

２０１７年、『日本一醜い親への手紙　そんな親なら捨てちゃえば？』を出版する際、制作費の４００万円を集める必要がありました。

多くの方々からネットを通じて寄付金が集まるたびに、「子ども虐待をなくしたい」という熱い思いをひしひしと感じました。同時に、「私は50年以上も生きてきたのに、ちっとも虐待を防げないでいる」と、申し訳なさで胸がいっぱいになりました。

そこで、少しでも寄付してくださった方の思いに応えられるよう、自分にできることはすべてやろうと、『ＳＴＯＰ！子ども虐待防止１００プロジェクト』として全国各地での講演、虐待防止に関する動画の公開、虐待防止キャンペーンソング公募など、続々と小さなアクションを展開してきました。

この１００プロジェクトには、あなたにもすぐできるアクションや私といっしょにできるアクションがたくさんあるので、検索して読んでください。また、「自分も何か動き出したい」という方は、職業・年齢を添えてメールをください。虐待防止にとって、あなたが無理なくできるアクションを伝えたいです（conisshow@gmail.com）。

また、学校や企業、青年会議所や男女共同参画センター、超党派の議員勉強会などでも、虐待の現状と防止策に関する講演を1回でも増やしたいです。交通費・宿泊費・講演料などすべて含み、10万円でお引き受けします。10万円なら寄付＋入場料、クラウドファンディング、助成金などで十分賄えます。お気軽にご依頼ください。

２０２０年、私の住む千葉県では、野田市の栗原心愛（みあ）さんの虐待死の検証報告書を一部黒塗りにして発表した後、「虐待死に関する情報は今後一切公開しない」という方針を決定しました。大人がこの方針の撤回を迫らなかったら、同じ悲劇は今後も延々と続くでしょう。

最後に、本書の企画を社内で通してくださった日本評論社の編集者・小川敏明さんと、若い読者のために価格を安く設定してくださった営業部の方へ感謝申し上げます。

＊11 『21世紀版・完全家出マニュアル』
https://note.com/iede21

※以上の資料リンクは、2020年10月26日時点のものです。

※上記の資料リンクは、本書の特設サイトで一覧できます。
以下の画像をスマホアプリのQRコードリーダーで読み取ると、特設サイトへ飛ぶことができます。

※本書に登場した知識を全50問の「子ども虐待検定」として公開しているサイトへのリンクも、特設サイトにあります。
制限時間15分で解答し、半分以上の正解をめざしてください。
親や教師、政治家、子ども支援NPOなどの大人どうしでも、この検定に挑戦してみてください。

特設サイト
https://no-abuse2020.blogspot.com/

https://www.soumu.go.jp/main_sosiki/jichi_gyousei/daityo/dv_shien.html

＊4　平成24年4月27日に決定した自民党の改憲草案
https://jimin.jp-east-2.storage.api.nifcloud.com/pdf/news/policy/130250_1.pdf

＊5　法テラス
https://www.houterasu.or.jp/

第6章

＊1　警察庁生活安全局生活安全企画課「平成30年における行方不明者の状況」より
https://www.npa.go.jp/safetylife/seianki/fumei/H30yukuehumeisha.pdf

＊2　内閣府の「平成30年版 子供・若者白書」より
https://www8.cao.go.jp/youth/whitepaper/h30honpen/pdf/b1_03_03_03.pdf

＊3　警察庁生活安全局少年課「平成29年中における少年の補導及び保護の概況」より
https://www.npa.go.jp/safetylife/syonen/hodouhogo_gaikyou/H29.pdf

＊4　朝日新聞2018年10月12日付「泊めたら性行為『暗黙の了解』」より
https://www.asahi.com/articles/ASLBD6HXPL9PUTFL003.html

＊5　内閣府「平成17年度少年非行事例等に関する調査研究報告書」より
https://www8.cao.go.jp/youth/suisin/hikou/kenkyu/6.html

＊6　警察庁「平成30年の刑法犯に関する統計資料」より
https://www.npa.go.jp/toukei/seianki/H30/h30keihouhantoukeisiryou.pdf
※解決事件とは、当事者どうしによる示談などで書類送検されずに警察内で処理されたもの

＊7　警察庁「平成30年の犯罪」より
https://www.npa.go.jp/toukei/soubunkan/h30/pdf/H30_ALL.pdf

＊8　日刊ゲンダイdigtal 2018年7月7日付「世界で断トツの親族間事件」より
https://www.nikkan-gendai.com/articles/view/life/232825

＊9　筆者のnote『21世紀版・完全家出マニュアル』より
https://note.com/iede21/n/nb5af2268c549

＊10　『100人の体験記 大学生版家出マニュアル』
https://note.com/iede_manuals

＊5　週刊朝日2015年10月2日号より
https://dot.asahi.com/wa/2015092100045.html?page=1
＊6　東洋経済オンラインより（筆者の執筆記事）
https://toyokeizai.net/articles/-/340881
＊7　最高裁判所事務総局家庭局「親権制限事件及び児童福祉法に規定する事件の概況—平成30年1月～12月」より
https://www.courts.go.jp/vc-files/courts/file2/20190426zigyakugaikyou_h30.pdf
＊8　『離婚後の共同親権とは何か—子どもの視点から考える』の購入サイト
https://www.nippyo.co.jp/shop/book/7974.html
＊9　公益財団法人 日本ユニセフ協会のホームページ
https://www.unicef.or.jp/about_unicef/about_rig.html
＊10　公認朗読者になれる『子ども虐待防止の朗読会を、あなたの街で』
https://roudoku-100letters.blogspot.com/
＊11　筆者のブログ記事「子どものカウンセリング料を0円にしよう!」
http://con-isshow.blogspot.com/2019/10/kids-0.html
＊12　毒親アートフェス
https://dokufes.com/art-fes/
＊13　虐待サバイバー写真展
https://kojikoji.themedia.jp/
＊14　『沈没家族』
http://chinbotsu.com/
＊15　STOP! 子ども虐待100プロジェクト
http://stop-childabuse-project.blogspot.com/

第5章

＊1　「明石市養育費立替パイロット事業」について
https://www.city.akashi.lg.jp/seisaku/soudan_shitsu/kodomo-kyoiku/youikushien/documents/gaiyo_yoikuhipilot.pdf
＊2　法務省「民事執行法及び国際的な子の奪取の民事上の側面に関する条約の実施に関する法律の一部を改正する法律について」より
http://www.moj.go.jp/MINJI/minji07_00247.html
＊3　総務省のホームページ

引き」より一部を抜粋

https://www.pref.shimane.lg.jp/education/kyoiku/anzen/ijime/gyakutaitaioutebiki.data/tebiki.pdf

＊2　内閣府「さんきゅうパパプロジェクト準備BOOK 改訂版（平成29年）」より

https://www8.cao.go.jp/shoushi/shoushika/etc/project/book_h29.html

＊3　授乳服モーハウス（MO HOUSE）

https://shop.mo-house.net/

＊4　特定非営利活動法人 マドレボニータ

https://www.madrebonita.com/

＊5　AsMama（アズママ）

http://asmama.jp/

＊6　NPO法人CAPセンター・JAPAN

http://cap-j.net/

＊7　□は緊急的な支援を要するもの。神奈川県がホームページで公開している「早期発見のためのチェックリスト」から一部を抜粋

https://www.pref.kanagawa.jp/documents/15785/soukihakkenchild.pdf

＊8　YouTube動画【朗読】お母さんは明るいのに

https://www.youtube.com/watch?v=8H3YvcTJUXM&t=8s

＊9　『NEUT Magazine』のMegumi Satouさんの記事から一部を引用

https://neutmagazine.com/ten-million-yen-in-two-weeks

＊10　法務省のホームページより

http://www.moj.go.jp/MINJI/minji06_00117.html

第4章

＊1　西日本新聞2019年2月21日付朝刊より

https://www.nishinippon.co.jp/item/n/488608/

＊2　今年6月19日付のBuzz Feed Newsの記事より

https://www.buzzfeed.com/jp/yutochiba/children-advocate

＊3　厚労省「医療保護入院制度について」より

https://www.mhlw.go.jp/file/05-Shingikai-12201000-Shakaiengokyokushougaihokenfukushibu-Kikakuka/0000142673.pdf

＊4　山田議員が執筆したブログ記事

https://taroyamada.jp/?p=8746

＊24　京都新聞2019年8月8日付より
https://www.kyoto-np.co.jp/articles/-/13356
＊25　厚労省「平成30年度における被措置児童等虐待への各都道府県市等の対応状況について」より
https://www.mhlw.go.jp/content/000605213.pdf
＊26　情緒障害児短期治療施設は平成28年度から「児童心理治療施設」に改称。一時保護所の件数には、一時保護委託を含む
＊27　NHKオンラインより
https://www.nhk.or.jp/d-navi/link/kodomo/article_33.html
＊28　厚労省「社会的養育の推進に向けて」より
https://www.mhlw.go.jp/content/000503210.pdf
＊29　厚労省発表の統計から筆者が折れ線グラフを作成
＊30　厚労省通達「身元保証人確保対策事業の実施について」より
http://www.zenyokyo.gr.jp/mimotokakuho/04a.pdf

第2章
＊1　「戦後の子ども問題と教育福祉」より
https://www.jstage.jst.go.jp/article/taikaip/75/0/75_238/_pdf
＊2　厚労省「グラフで見る世帯の状況」より
https://www.mhlw.go.jp/toukei/list/dl/20-21-h28.pdf
＊3　厚労省「児童相談所関連データ」より
https://www.mhlw.go.jp/content/11900000/000349860.pdf
＊4　ビジネスインサイダーより
https://www.businessinsider.jp/post-163990
＊5　厚労省「平成30年度 児童相談所での児童虐待相談対応件数＜速報値＞」より、グラフを筆者が作成
https://www.mhlw.go.jp/content/11901000/000533886.pdf
＊6　朝日新聞社会部『絶対君主が支配する虐待の家』（きょうも傍聴席にいます）より
https://www.asahi.com/articles/ASJ317593J31IIPE046.html?iref=pc_ss_date

第3章
＊1　文科省が令和元年5月9日に学校・教育委員会等向けに公開した「虐待対応の手

h30.pdf

*11　2016年2月14日「第2回 山田太郎のアグレッシブの会～欧州報告 尊厳死・児童養護～」より
https://logmi.jp/business/articles/128755

*12　厚労省「社会的養育の推進に向けて」より
https://www.mhlw.go.jp/content/000503210.pdf

*13　厚労省「ファミリーホームの設置を進めるために」
https://www.mhlw.go.jp/file/06-Seisakujouhou-11900000-Koyoukintoujidoukateikyoku/0000074598.pdf

*14　全国自立援助ホーム協議会のホームページより。未入会ホームを除く
http://zenjienkyou.jp/

*15　外務省ホームページより
https://www.mofa.go.jp/mofaj/gaiko/jido/zenbun.html

*16　実は国連から「子どもの人権侵害」への懸念で勧告を受けている日本
https://otokitashun.com/blog/daily/8192/

*17　厚労省「社会的養護の課題と将来像の実現に向けて」より
https://www.mhlw.go.jp/bunya/kodomo/syakaiteki_yougo/dl/yougo_genjou_02.pdf

*18　日本ユニセフ協会のホームページより
https://www.unicef.or.jp/news/2014/0063.html

*19　日本ユニセフ協会からのお知らせより
https://www.unicef.or.jp/osirase/back2019/1902_12.html

*20　HUFFPOST2017年4月6日付より
https://www.huffingtonpost.jp/mika-yakushi/same-gender-couple_b_15844650.html

*21　厚労省「平成30年度における被措置児童等虐待への各都道府県市等の対応状況について」より
https://www.mhlw.go.jp/content/000605213.pdf

*22　総務省統計局「人口推計平成30年11月報」より
https://www.stat.go.jp/data/jinsui/pdf/201811.pdf

*23　厚労省「平成30年度における被措置児童等虐待への各都道府県市等の対応状況について」より
https://www.mhlw.go.jp/content/000605213.pdf

参考資料一覧

はじめに

＊0　解答を含むオンライン記事
http://con-isshow.blogspot.com/2020/07/tenkinoko2020.html

第1章

＊1　厚労省「平成30年度 児童相談所での児童虐待相談対応件数＜速報値＞」より
https://www.mhlw.go.jp/content/11901000/000533886.pdf

＊2　厚労省「児童相談所関係資料」より
https://www.mhlw.go.jp/file/05-Shingikai-12601000-Seisakutoukatsukan-Sanjikanshitsu_Shakaihoshoutantou/0000104093.pdf

＊3　東洋経済オンラインより
https://toyokeizai.net/articles/-/303391?page=2

＊4　日本経済新聞2016年4月8日付より
https://www.nikkei.com/article/DGXLASDG08H05_Y6A400C1CR0000/

＊5　厚労省「自殺の現状」より
https://www.mhlw.go.jp/wp/hakusyo/jisatsu/19/dl/1-3.pdf

＊6　厚労省「児童虐待防止対策の状況について」より
https://www.mhlw.go.jp/content/11907000/000598099.pdf

＊7　ビジネス・インサイダー・ジャパン『虐待親は悪魔か？ 必要なのは罰よりも社会保障だ——木村草太×山下敏雅』より
https://www.businessinsider.jp/post-170341

＊8　朝日新聞2018年7月24日付より
https://www.asahi.com/articles/ASL7L52X3L7LUPQJ00N.html

＊9　厚労省「児童虐待防止対策関係資料」より
https://www.mhlw.go.jp/content/11907000/000579042.pdf

＊10　親権制限事件及び児童福祉法28条事件の概況
https://www.courts.go.jp/vc-files/courts/file2/20190426zigyakugaikyou_

今 一生（こん いっしょう）

フリーライター＆編集者。1965年、群馬県生まれ。千葉県立木更津高校卒。早稲田大学第一文学部除籍。コピーライターを経て、25歳から現職。1997年、親から虐待された人たちから公募した手紙集『日本一醜い親への手紙』3部作をCreate Media名義で企画・編集。2017年、新たに公募した『日本一醜い親への手紙 そんな親なら捨てちゃえば？』（dZERO）を発表。著書に『完全家出マニュアル』（メディアワークス）、『よのなかを変える技術 14歳からのソーシャルデザイン入門』（河出書房新社）など多数。

［公式サイト］createmedia2020.blogspot.com

子ども虐待は、なくせる
——当事者の声で変えていこう

2020年11月30日　第1版第1刷発行

著者　今 一生 こんいっしょう

発行所　株式会社 日本評論社

〒170-8474 東京都豊島区南大塚3-12-4

電話：03-3987-8621［販売］

03-3987-8601［編集］

振替：00100-3-16

印刷所　精文堂印刷株式会社

製本所　株式会社 難波製本

カバー＋本文デザイン　粕谷浩義（StruColor）

ISBN978-4-535-58752-6